マスコミ対応緊急マニュアル

Essentials of Public Relations

広報活動のプロフェッショナル

広報コンサルタント／シニア リスクコンサルタント®
石川慶子

ダイヤモンド社

はじめに◎**マスコミに「思い」を伝えるには、テクニックが必要である**

事実を伝えたつもりが、批判コメントとして記事にされてしまった

私が初めてマスコミの前に立ったのは、今から十五年ほど前のことです。当時は映画製作のスタッフ兼通訳の仕事をしていました。もちろんその時は、広報、コミュニケーション手法、メディア戦略という言葉など全く知りませんでした。

場所はロシアのサンクトペテルブルク（当時はソ連のレニングラード）。私がスタッフとして製作に参加したドキュメンタリー作品がレニングラードドキュメンタリー映画祭コンペティション部門に招待され、作品上映後にマスコミからの質問に答えるため、私は関係スタッフ兼監督への通訳として記者会見に出席することになったのです。

初めて体験する記者会見であり、しかも英語による質問やスポットライトを浴びている緊張感から、相手の質問の意図がわからず、頭は困惑し、通訳はおろか、回答すらまともにできま

せんでした。なにしろ最初の質問が、作品のテーマである「禅とキリスト教における魔の捉え方」とはかけ離れた「牛」に関するものだったので、テーマとのあまりの飛躍に動揺し、「なぜそのような質問をするのか」と切り返すことすらできなかったのです。

その後、映像作品を制作するたびに、監督とともに取材に応対することが多くなりました。意図したことが記者に伝わらず、こちらの理想とはほど遠い記事になってしまったことは一度だけではありません。

「黒澤明監督は、海外ではまだ一般の人たちが知っている状況にはなっていません」と、悪意のない他の人に対する「事実」のコメントが、「著名な黒澤について『海外では知る人がほとんどいない』とバッサリ言ってのける」と書かれてしまいました。読み手に「著名な黒澤監督を尊敬しない不遜なヤツ」と感じさせてしまうインタビュー記事となってしまいました。

また、記者の思い違いによる作品評価コメントが報道された際に、その後どう対応すればよいのかがわからず途方に暮れてしまったり、あるいは、突然のテレビカメラに心構えができていないまま、その場にふさわしくない服装での対応を余儀なくされたこともありました。

マスコミ対応のノウハウは、広報サービス会社の「現場」で培った

しばらくして、私は広報サービス会社に入ることになり、約五十社、延べ百プロジェクト以上の広報活動をする中で、企業のマスコミをはじめとする「外」に対する情報発信やコミュニケーションについて、さまざまな手法があることを「現場」から学び取りました。

マスコミとのコミュニケーション手法を知らないことが、どれほど自分の人生をマイナスにしていたかを知るには十分すぎるほどの経験です。

私は自らマスコミの前で恥をかき、その後プロフェッショナルな広報コンサルタントとなり、その経験を通じて、一つの大きな確信を持ちました。

それは、「マスコミのミスリードを防ぎ、こちらの意図することを記者に伝えるためには、手法やテクニックが絶対に必要である。そのテクニックを身につけることは、会社や組織、あるいは個人の危機を救うことになる」ということです。

それにしても、何ゆえこのようなテクニックがあることを私は知らなかったのか、どこで知るべきだったのか、改めて自分が知らなかったことの原因を考えてみました。はっきり言えることは、この種の実践的な指南本がないということです。

存在するのは企業の広報対応マニュアルか対人コミュニケーションテクニック、あるいは心理学的アプローチによる学術論文のみです。

トップのコメントが、その後の企業の明暗を分ける

ちなみに、広報活動というのは「企業が会社名や商品・サービスの知名度を上げる」といった前向きなアプローチや宣伝活動だけではありません。企業不祥事や災害時など、不測の事態には、外部に対し、迅速に適切な情報を提供するという使命も持っています。緊急時における情報開示の手順や方法を失敗すれば、会社存続の危機にまで発展することもあります。

ある広報サービス会社が提供している「トップのためのマスコミ対応トレーニングプログラム」は、これまで年間十件程度だったものが、この二、三年で年間百件にまでニーズが高まっているということです。私が所属する日本リスクコンサルタント協会でも、「トップのためのマスコミ対応セミナー」を開催してほしいという要望が、最近多く寄せられています。

そこで、「緊急時のマスコミ対応」について具体的に何をどうすればいいのか、という実践的な内容に絞り込み、一冊にまとめました。

マスコミ対応は通常のコミュニケーションよりも複雑です。インタビューは一対一のコミュニケーション、記者会見は一対集団のコミュニケーションですが、記者の背後に世論という大衆が加わるために、通常のコミュニケーションテクニックだけでは乗り切れない難しさがある

のです。

本書では、対マスコミ（＋世論）という切り口に徹底的にこだわって、コミュニケーションテクニックを書き起こしました。私がこれまでに手がけてきた企業向けサービスとしての記者会見やインタビューの仕込みは、国内企業の経営者だけでなく、海外企業の経営者、映画監督、俳優、声優、スーパーモデル、ゲームクリエーター、学者など多岐にわたります。ある企業のプロジェクトで起きたクライシスでは、私自身が当事者として『噂の真相』から取材を受け、マイナス報道の危機を乗り切ってプラス報道に方向転換したこともあります。

内容は、私が企業向けサービスとして行ってきた記者会見やインタビュー設定の実務経験に加え、私自身が取材対象になり、失敗・成功した経験に基づいています。本書が企業経営者のみならず、マスコミ対応を迫られたすべての方々のお役に立てば幸いです。

最後に、本書作成にあたって、的確なアドバイスをくださったダイヤモンド社の和田史子さんをはじめ、ご支援ご協力を賜ったすべての方々に感謝いたします。

二〇〇四年九月

石川慶子

はじめに

序章

第2章

緊急時のマスコミ対応

第3章

おわりに

マスコミ対応にはトレーニングが必要

序章

なぜ緊急時のマスコミ対応が重要なのか

企業における「緊急時」とは、どういう状況なのか

はじめに、「緊急時」という言葉についてまず定義してみたいと思います。

辞書によると「緊急」とは、「事が重大でその対策・処理に急を要すること」とあります。

したがって、企業にとっての「緊急時」というと、

①火災や地震、テロ、幹部誘拐といった外からの力によって突然起こる場合

②顧客データの流出や欠陥商品、社員の過労死など自社の管理ミスによって起こる場合

③粉飾決算、脱税、贈賄など企業が組織的に法を犯した時

などが当てはまります。

クレーム対応の不手際といった、人命や法的問題ではないような小さな出来事であっても、「東芝クレーマー事件」*1などのようにインターネットで公開されることで緊急事態になってしまうこともあります。

あるいは、緊急時ではない、通常のマスコミ報道での「誤報」が、経営にダメージを与える事態を引き起こすこともあります。企業が加害者なのか被害者なのか、何が原因で起こった事

態なのかによって、マスコミへの対応方法は異なります。そのことについては後ほど述べるとして、ここではいったん、**企業における緊急時とは、「会社に損失をもたらす重大な事件・事故で、その対策・対処に急を要する場合」**と定義して話を進めることにします。

対応を誤るとダメージは深刻。「法律は守っている」は言ってはいけない言葉

マスコミ対応の失敗とは、例えば、

①事故が起きたにもかかわらず、なかなか記者会見を開かなかった
②情報を十分公開しなかった
③記者会見をたった十分しか行わなかった。しかも、記者からの質問をさせず、質問への回答も的確でなかった
④記者の質問に対し、誤解を招く表現で混乱させたり、横柄な態度で対応したりした
⑤メモを見て読み上げるだけで形式的なコメントしかしなかった
⑥被害者が出た事故にもかかわらず、その記者会見に、トップが赤いネクタイで出席した

といったようなことです。事前に対応方法を知っていれば、避けられる失敗であることが多い

のです。

平時（通常時）と緊急時の記者会見は企業を取り巻く状況が全く異なりますので、駆けつける記者も平時とは違います。

平時は、多くの場合、経済部の記者が出席します。ところが、事件・事故となれば、必ず最初に社会部の記者がどっと押し寄せるのです。経済部と社会部の記者は関心事も異なります。経済部の記者の関心は、その事件・事故・事象によって会社の売り上げや市場動向がどうなるのかにあり、社会部の記者の関心は、その企業の社会的責任、生活者への影響、社会への影響にあります。

緊急時にも、平時と同じ姿勢で経済部の記者向けメッセージを考えてしまうと、つい冒頭に「売り上げには影響ありません」「取引先に影響が出ないように代替体制を組みました」という言葉が出てしまいます。そうすると、当然のことながら社会部の記者はカチンときてしまうわけです。このように自分の目の前にいる記者がどこの誰なのかを知った上で対応しないと全く嚙み合わない、という状態になってしまいます。

また、経営者がうっかり口にしてしまいがちな言葉に、**「たいしたことはない」「法律は守っている」「みんなやっている」「知らなかった」**という言葉があります。

経営者の責任を問われている場面でこのような発言をすると、翌日にはあらゆるメディアでマイナス報道されてしまいます。

マスコミに発した「一言」が、株主代表訴訟に使われることも!

同様に忘れてならないのは、**株主代表訴訟でも報道記事は使われる**ということです。ご存じでしたでしょうか。**失言や二転三転するコメントは、判決にも影響してしまう**のです。商法改正で手数料が引き下げられ、八千二百円で株主代表訴訟が可能になりましたから、今後増加していくことは確実です。このように考えれば、マスコミ対応を「なんとかなる」と、たかをくくっていると、一人(一社)だけ世の中の流れに取り残され、どんどん企業イメージは悪化し、消費者離れ、売り上げ低迷、株価下落、ブランドの失墜、従業員のモラル低下、訴訟不利の事態まで引き起こし、社長辞任や会社倒産にまで発展していきかねません。

一人の記者の背後には数十万、数百万の読者・視聴者がいる

現場取材に来る記者は、経営者よりもずっと「若い」ということをご存じでしょうか。多くは二十代、三十代です。スーツを着てくる人は少なく、髪がボサボサであったり、ヒゲを伸ばしている人もいます。そこで経営者はつい油断をしてしまい、**記者の背後にいる「読者」という名の顧客の存在を忘れて、一対一のコミュニケーションをしてしまう**のです。共同通信の記者であれば、全国の地方紙合わせると二千万人の読者がいます。

所属する部署にも留意する必要があります。朝日新聞社会部の記者であれば、朝日新聞の社会面を読んでいる一般生活者が背後にいます。経済部であれば、ビジネスマンが背後にいます。**一人の記者の背後には数十万、数百万の読者が控えていることは絶対に忘れないでほしい**のです。一人の記者に対応することは、その背後にいる読者・視聴者に対応することであり、一人の記者からの質問はその読者・視聴者からの質問なのです。記者会見となって複数の記者が集まれば、背後は世論そのものになり、記者たちとの対面はまさに世論との対面となります。

「コンプライアンス」だけでは、マスコミ対応は乗り切れない

何か起こった時には、まず弁護士に相談することが多いでしょう。「法的に問題点がなかったかどうか」を最初に確認するのは非常に重要なことです。

しかしながら、**マスコミ対応は法的問題がない、ということだけでは乗り切れません。**

企業のトップがついうっかりと口にしてしまう言葉に「法的には問題ありません」「法律は犯しておりません」という言葉があります。ところが、火災などで被害者が出た場合には、たとえ法律を守っていたとしても、記者会見の最初に「法令は守っていた」と言ってしまったら、**その時点で記者を敵に回した**と考えておいたほうがよいでしょう。

理由は、記者とその背後にいる**世論にとって、最大の関心事は企業の法令違反ではなく、企業の社会的責任だからです**。法令遵守をしていても事故は起こるものです。**問題は法令違反かどうか、ではなく、被害者が出てしまったことに対しての社会的責任をどうするのか**、ということです。「法律さえ守っていればよいと思っている、社会的責任感が欠如した社長」という印象を持たれたら、広報的には完全な失敗です。

記者会見は法廷ではありません。弁護士の言う通りのコメントを広報的配慮なしに発表すればとんでもないことになってしまうのです。被害者が出た事件・事故においては、**社長はまず、被害者とその遺族に対して謝罪すべき**です。目の前にいるのが記者であってもメッセージを投げかける相手は記者の背後にいる人たち、この場合には、被害者の家族たちへのメッセージであるべきなのです。

マスコミ対応は、トップマネジメントである

事故や事件に対する緊急記者会見でトップが出ていかない場合に、必ず最初に記者がする質問は、**「社長はどこか、なぜこの場にいないのか、今何をしているのか」**。

トップの不在の理由が明確ではない場合には、非難が集中します。基本的に**トップ不在の記者会見は荒れる**、と考えたほうがよいでしょう。トップのメッセージがない記者会見は、記者が納得しないからです。なぜか。**記者会見とは、会社の公式見解を述べ、マスコミを通じて世論への理解を求める場**だからです。そこに組織の最高責任者が不在であることは、責任意識の稀薄さを露呈してしまっていますから、責任感がないと非難され、マイナス報道を引き起こす

のです。

特に最近では、土壌汚染＊2やPRTR法＊3など環境関連や、個人情報保護法＊4など、企業の管理責任を監視する動きが強まっています。また、これまで漠然としていた「企業の社会的責任」という言葉が「CSR（Corporate Socially Responsibility：シーエスアール）」＊5という固有名詞として定着しつつあります。

つまり、**企業トップの、社会的責任への感性に対する世論の目が以前よりも厳しくなってきているので、**だからこそ、緊急事態発生時にトップが前面に出て、積極的に**マスコミ対応することは、企業における最重要トップマネジメント**と言えます。

企業によっては、マスコミ対応を危機管理の中でのみ捉え、緊急事態発生後のマスコミ対応しか考えていない場合がありますが、果たして、平時にマスコミとのつき合いが全くない状況で、いきなり緊急記者会見を乗り切ることはできるでしょうか。緊急時に落ち着いてマスコミ対応できるようにするためには、**普段からメディアに情報発信するなど積極的に情報公開し、関係を構築しておくことが一番効果的な予防策**といえます。

トップマネジメントとしてのマスコミ対応の重要性を、おわかりいただけましたでしょうか。トップの発言は、企業としてのメッセージであり、会社の危機的状況においては、会社の存続にもかかわる重要事項です。ここで大切なことは、強力なリーダーシップとは、世論に従うことではなく、世論を形成することです。
本書では、トップのメッセージ発信テクニックとサポート体制について、できるだけ細かく実務的にまとめました。①基本のマスコミ対応、②緊急時のマスコミ対応、③テクニック、の構成になっています。先にも述べましたが、緊急時のマスコミ対応だけでは、尽せる手立ては多くありません。基本のマスコミ対応スキルで、日頃からマスコミとの良好な関係構築を心がけ、応用として緊急時のマスコミ対応スキルを身に付けていただければと思います。

＊1「東芝クレーマー事件」
購入したビデオデッキの再生不適合に端を発し、福岡の一会社員がインターネットのホームページに東芝側のクレームに対する応対ぶりを音声入りで公開した事件。ホームページにアクセスが殺到し、マスコミにも取り上げられた。

＊2「土壌汚染対策法」
国民の安全と安心の確保を図るため、土壌汚染の状況の把握、土壌汚染による人の健康被害の防止に関する措置等の土壌汚染対策を実施する法律。平成十四年五月二十二日に成立した。有害物質使用工場や事業所の敷地であった土地の所有者は、土地の土壌汚染の状況について調査し、その結果を都道府県知事に報告しなければならない。

＊3「PRTR法」

一九九九年に成立した特定化学物質の排出量の把握・管理促進法。環境汚染の恐れのある有害物質の排出量を把握して安全性を確保することを目的としている。工場や自動車、一般家庭などから有害な化学物質がどれだけ環境中に出ているかの政府データの初発表は、二〇〇三年三月二十日。有害物質か発ガン性物質を一定量扱う事業所は排出量・移動量を届け出る必要がある。

＊4「個人情報保護法」

二〇〇三年五月三十日に公布された法律で、個人情報取扱事業者に対する義務について規定している。個人情報取扱事業者とは、五〇〇〇件以上の個人情報で構成される情報を、事業に用いている会社・団体を指す。個人情報取扱事業者は、利用目的の特定および制限、適切な取得、取得に際する利用目的の通知または公表、安全管理、第三者提供の制限などの義務を果たさなければならない。

＊5「CSR（Corporate Socially Responsibility：シーエスアール）」

企業経営に社会的公正性や環境への配慮を取り込むこと。企業に求められる責任は、法的責任、経済的責任、制度的責任、社会貢献と、より高次元化していき、自主性が重んじられるようになってきている。欧米では一九九〇年代以降「持続的な発展」への関心が高まり、企業は雇用、人権、法令遵守などで改革を進め、株主や従業員、消費者、地域社会への説明責任を負うとされ、すでに「CSR＝企業の競争力強化」という位置付けになりつつある。日本においても、社会に対する責任と貢献に積極的に取り組む企業が、高い社会的評価を得るという意識が広がってきている。

まとめ

なぜ緊急時のマスコミ対応が重要なのか

・マスコミ対応を誤ると、被害は拡大する
・一人の記者の背後には数十万、数百万人の読者・視聴者がいる
・複数の記者が集まる記者会見は、世論そのもの
・コンプライアンスだけでは、マスコミ対応は乗り切れない
・マスコミ対応はトップマネジメントである
・トップ不在の緊急記者会見には、非難が集中する
・報道記事は、株主代表訴訟でも使われる
・平時からの積極的な情報発信が、会社の危機を救う

第1章

基本的なマスコミ対応

基本的な対応方法を知るだけで、緊急時の「誤報」を防げる

普段のマスコミ対応の失敗が誤報となり、緊急事態を引き起こしてしまうこともあります。そこで、この章では、緊急時のマスコミ対応を学ぶ前に、平時における基本的なマスコミ対応方法と、誤報を生じさせてしまった場合の対処方法までを学ぶことにしましょう。

マスコミとは何か？

マスコミと一口に言っても、新聞、通信社、テレビ、雑誌、インターネットのウェブニュースでそれぞれメディアの特性は異なります。部署によっても記者の関心事やジャーナリスティックな視点が異なります。最初に各メディアの特性について簡単に説明しておきます（図表1－1参照）。

図表1-1◎マスコミとは何か？　メディアマトリックス図

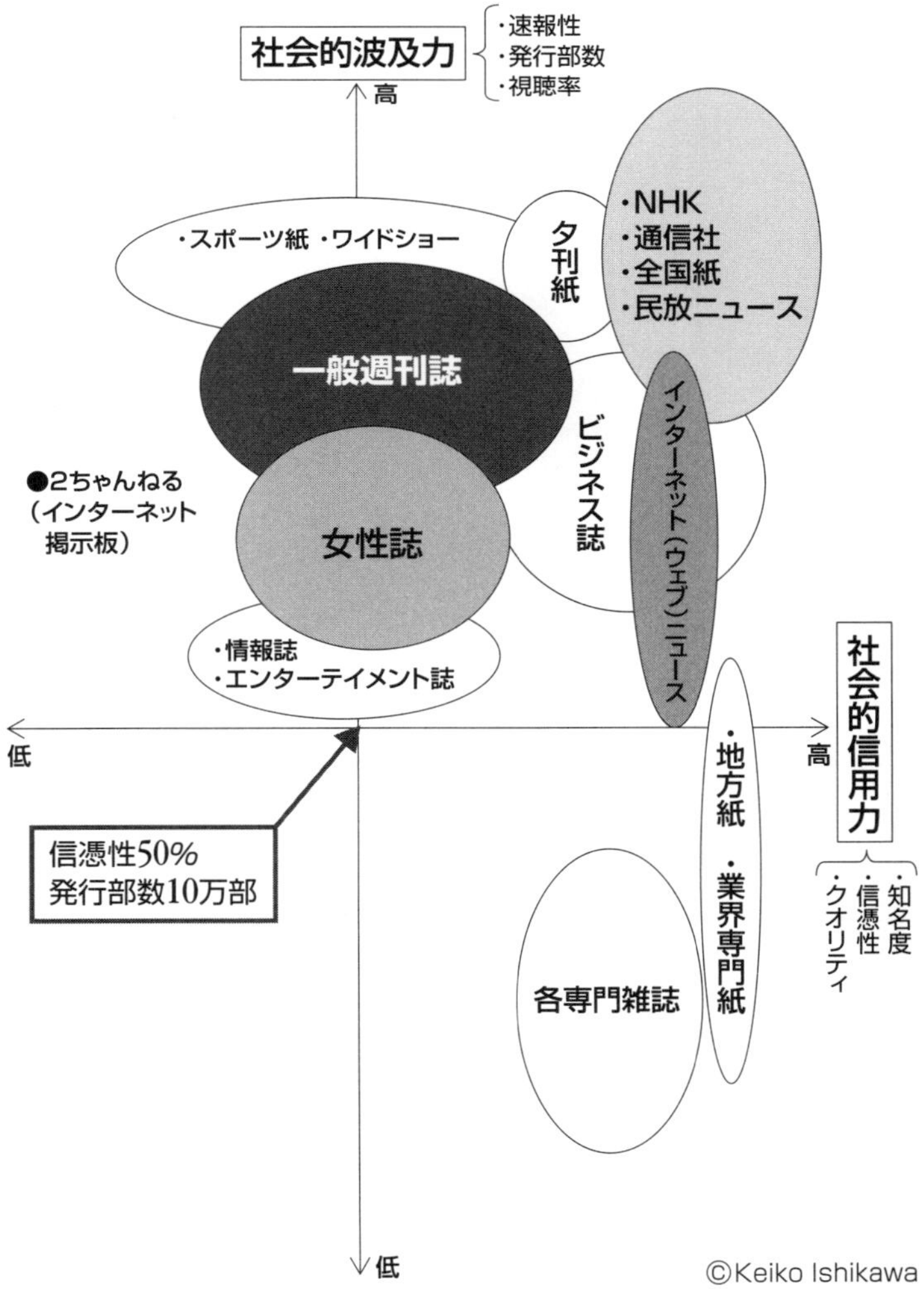

1 新聞

新聞の中にも種類があり、朝日新聞、読売新聞などの全国紙、日本経済新聞などの経済紙、愛媛新聞や神奈川新聞などの地方紙、夕刊フジや日刊ゲンダイなどの夕刊紙、スポーツ紙、各業界専門新聞などがあります。

中でも全国紙は発行部数の多さと内容の信憑性が高い（もしくは高いと思われる）ため、社会的影響力は大きいと言えます。

2 通信社

テレビ局や地方紙、インターネット（ウェブ）ニュースなど、さまざまなメディアにニュースを配信しています。国内の代表的な通信社は共同通信と時事通信です。テレビや地方紙への影響力は大きいと言えます。

3 テレビ

映像としてインパクトがあるものが優先されて報道されます。基本的には視聴率絶対主義。映像が撮れなければ放映できないため、現場では記者よりもカメラマンが先に行きます。

一時間取材しても放送されるのは長くて二分、たいていは数秒です。

映像が放映されるため、速報性と波及力は高いのですが、内容の信憑性はニュース番組かワイドショーなのかによって全くレベルが異なります。

4 雑誌

特集主義で、ある一つのテーマを深く取材し、体系的な記事や比較分析記事として報道していきます。解説や分析能力が必要なので、取材力のある記者は多いと言えます。

記者が直接取材する雑誌社もありますが、多くは外部のライターに取材を依頼し、編集部がまとめる形をとっています。

5 インターネット（ウェブ）ニュース

速報性からするとテレビと同じ力を持っています。

ただ、映像がないことが多いため、波及力はテレビには及びません。ウェブニュースといえば、朝日新聞の『asahi.com』が老舗ではありますが、最近は検索ポータルサイトである『YAHOO!』のニュースが、アクセスの多さから圧倒的な力を持つようになってきています。

とはいえ、『YAHOO!』は、自社に記者を抱えているわけではなく、共同通信などからニュースを転載する権利を買っているだけですので、『ＹＡＨＯＯ！』から取材を受けることはありません。

マスコミの取材活動

「取材」という言葉はよく耳にする言葉だと思いますが、意外とあいまいなイメージしか持っていないことが多いので、改めて説明しておきましょう。

「取材」とは、報道するに値する「社会的価値ある情報」を集めることです。もっとわかりやすく言うと、**「みんなが知りたいと思っていることで、まだ公表されていない情報」を集めること**です。そして、取材は当事者から聞き込みをすることが基本になっています。

取材を受けて話をした内容は、その後、そのまま事実としてニュース報道されることもあれば、特集記事や解説記事の中で取り上げられることもあります。いずれにせよ、**「社会的に価値ある情報なのかどうか」で選別され**、企業の視点ではなく、読者や視聴者の視点に立ち、マスコミという第三者の評価も加えられた上で報道されます。

では、「取材」の際に、何らかのお金は発生するのでしょうか。この点について疑問を持っている方は多いと思いますが、企業を「取材」する場合、**基本的にはマスコミ側がお金を支払うこともなければ、取材を受ける側がお金を支払うことはありません。**この点が広告の世界とは全く異なります。

マスコミの特性やジャーナリズムについては、語りきれないほど深いものがありますが、ここでは「マスコミとは、当事者からの聞き込みによって情報を得て、公共の利益になる情報を報道する使命を持っている人たち」と捉えましょう。

広報担当者を決めておく

平時において最も大切なマスコミ対応の第一歩は、**広報担当者を決めておくこと**です。

広報担当者がいない企業は、**それ自体が大変なリスク**となります。つまり、担当者が存在しないと、マスコミからの取材について判断できる人がいない、という状態になってしまい、電話はたらい回しとなり、記者はイライラする、結局、不快なイメージを持ったまま、他社への情報収集に走ることになります。

中小企業の場合は、広報室がないこともあるでしょう。その場合には、外部で広報専門スタッフを確保するか、内部で専門家を育成する必要があります。それまでの間は、兼務でもよいのでマスコミ対応窓口となる広報担当者を決めておきましょう。

一方的な「取材拒否」の態度は、憶測報道を呼び、マイナスに作用する

マスコミから取材申し込みがあった場合に、取材を受けるかどうかは企業側の事情で判断すればよいのです。ただし、最初から一方的に取材拒否をしてしまうと、かえってマイナスに作用してしまうことが多いのです。

取材拒否は国民・消費者無視としてマスコミに受け取られてしまうからです。企業側には、新製品情報など企業側にプラスになる情報の開示は積極的でも、売り上げ不振や事業撤退、不祥事などマイナス情報は出したくないという意識が働いてしまいます。このようなマイナス情報についての取材対応は、避けたいところでしょう。そこで、勇気を持って情報を開示すれば、誠実な企業として評価されます。

また、取材拒否をされても、記者は必ず情報を集めて記事を書くものです。当事者から情報が取れないとなれば、周辺を探って情報を収集します。その過程で当事者を快く思っていない

人間から批判的なコメントも取るでしょう。

結果として、**報道内容は憶測報道になり、批判的な内容になります**。自社にマイナスになる情報であっても隠すことなく誠実に取材対応すれば、記者からの印象はよくなり、自社にとってプラスに働く可能性は高いのです。

インタビュー対応は、社長と広報の二人三脚で

インタビュー対応の流れを順番にまとめると、全部で六段階になります（図表1－2参照）。役割分担としては、広報担当者が流れを作り、社長（取締役、部長）は本番時の演出、表現方法、使う言葉、身だしなみを中心に意識を集中させるようにしましょう。対外広報がうまい会社はたいてい社長と広報が綿密に連絡を取っています。

広報担当者はコミュニケーションのプロとして社長にアドバイスできるように常に情報収集しておく必要があります。特に事前の取材内容確認の際には、記者の話し方で、記者の本当の目的や性格が感じ取れるはずなので、そのような細かいニュアンスも事前に社長に伝え、どのような言葉を使うかを検討するとよいでしょう。記者の知識レベルは、経済紙、専門雑誌、一

図表1-2◎インタビュー対応の流れ

1 取材内容の確認（広報担当者）→取材の可否を検討

↓

2 事前準備（社長と広報担当）：メッセージ準備等

↓

3 直前チェック（主に社長）：身だしなみチェック

↓

4 インタビュー本番（主に社長、広報はサポート）

↓

5 取材後のフォロー（広報担当）：数字の訂正、追加説明

↓

6 掲載後のフォロー（広報担当）：お礼、誤報対応

©Keiko Ishikawa

般誌では相当異なるので、記者に合わせた資料の用意や言葉を準備します。

インタビューの申し込みが入った際に、確認しなければならないこと

インタビューの申し込みがあった場合に確認しなければならない確認事項は次の項目です。通常は広報部が最初に対応することになりますが、記者と社長が親しくなれば、直接記者から社長にインタビューが申し込まれることもあります。そのような場合でも、気軽に受けずに広報部を通し、次のチェック項目を確かめた上で、対応方法を決めてください。

- ❑取材の目的
- ❑主な質問事項
- ❑取材の日時
- ❑取材者の人数
- ❑撮影の有無
- ❑報道の形態（予定日、番組名や掲載面、特集タイトル、放映分数、ページ数）

❏記者の連絡先

この中で**最も重要な事項は、「取材の目的」と「主な質問事項」です**。この内容によって社長が対応すべきか、事業部長が担当すべきか、あるいは広報部長が対応するかを決めます。

マスコミから「〇〇社長にインタビューをしたい」という指名で申し込みがある場合には特に念入りに目的を聞いておく必要があります。理由は、純粋な取材目的ではなく、**広告を目的とした営業やブラックジャーナリストである可能性が高い**からです。

また、**撮影の有無を確認する**ことは忘れないようにしてください。この撮影を結構軽く考えてしまう人が多いのですが、**一枚の写真、数秒の映像がもたらすインパクトの強さを軽視してはいけません**。プロカメラマン同行の場合はまだまともな顔写真が撮影されることが期待できますが、記者が取材後に自分で撮影する場合には、レベルがまちまちです。

写真映りが悪い社長の場合には、あらかじめ広報部で写真を用意し、それを使用してもらうように交渉しましょう。テレビの場合はすでにストーリーが局側で出来上がっていることが多く、そのシナリオを完成させるための「絵作り」のためだけに利用されることがあるので、**どのように使用するか事前確認をする**ことを忘れずに行いましょう。もちろん、取材目的によっては、理由を述べて断ればよいのです。

ブラックジャーナリストの見分け方

ブラックジャーナリズムというのは、企業の弱みにつけこみ、取材して得た情報を公共の利益のためではなく、自己の利益のために利用する活動です。ブラックジャーナリストはそのような活動を行う人たちで、純粋なジャーナリストではありません。どのような形で自己利益を図るかというと、法的に問題のないような**「広告営業」という形で脅迫をかけてきます。**

見分け方のヒントとして、「聞いたことがないメディアである」「聞いたことのない出版社である」「インターネットのホームページがない、あってもほとんど情報がない」「取材に来るのがタレントなどジャーナリスト以外の著名人である」ということであれば、ブラックジャーナリズムに近いと考え、会うのはやめたほうがよいでしょう。なぜタレントなどの有名人が登場するのかというと、メディアに信用力がないために有名人を使って相手を信用させようとする戦略だからです。また、有名人に会ってみたいという普通の人の心をくすぐる効果も狙っています。

ブラックジャーナリスト　見分け方のヒント

- **聞いたことのないメディアである**
- **聞いたことのない出版社である**
- **インターネットのホームページがない、あってもほとんど情報がない**
- **取材に来るのがタレントなどジャーナリスト以外の著名人である**

聞いたことないメディアであれば、見本誌を郵送してもらいましょう。大手新聞社の名を語った取材申し込みでありながら、実は別会社の広告代理店による広告記事だったということもあります。

有名なメディアであっても広告目的の取材申し込みはありますので、**「弊社がお金を払う必要がありますか」「広告記事ですか」と聞いてみます**。ブラックに近いと感じたら「社長のスケジュールが合わない」といって**やんわりと取材は断り、なるべく関係は持たない**ほうがよいでしょう。

事前の準備として行うこと

取材を受けることが決まったら、記者の欲しい情報と会社が発信したい情報のギャップの埋め方を考えながら準備を進めます。確認事項などについては、「取材記録シート」を用意しておくと便利です（図表1－3参照）。コピーをとるなどして活用してください。

1 取材対応者を決める

記者が取材したい内容に対して、的確に回答できる人を対応させるのが基本になります。日経新聞などの経済紙の場合は、インタビュー中に必ず経営に関する質問をしてきますので、社長や役員クラスが対応し、専門雑誌の取材の場合には、経営に関する質問はあまりないので現場の担当部長が対応するとよいでしょう。

候補者が数名いる場合には、論理的にわかりやすく説明できる人、爽やかな印象が残せる人を基準にして選ぶと記者からのイメージは良くなりますし、プラス報道の確率は高まります。

図表1-3◎取材記録シート

取材記録

受付日　　　　年　　　月　　　日　　　時	NO.
報道機関名　　　　　　　　　部署（番組）	
名前　　　　　　　TEL　　　　　　FAX	
受付・アプローチ方法　□電話　□面談	対応者名

取材（質問）内容:

対応方法:
□電話
□資料提供→資料内容（　　　　　　　　　　　　　　）
送付方法　□FAX　□メール　□郵送　□手渡し
□面談→日時　　　月　　日
場所
対応予定者

取材対応者コメント（記者は理解したか、取材対応に反省点はないか、フォローアップの必要性）

報道結果（予定）:　月　　日　□朝刊　□夕刊　　　　面
月　　日発売　P____　□4C　□2C　□1C　____P
月　　日放送　　:　〜　　:
掲載誌・番組テープ:□自社手配　□編集部から掲載誌郵送予定
□番組担当者から郵送予定

2 理想的な記事をイメージする

インタビューは漠然と相手のペースのまま受けるのではなく、インタビューの結果、どのような記事になれば、広報的に評価できるのかを検討しておくことが大切です。**見出しにくる言葉や表現、本文で取り上げられるべき内容、読者に理解してもらいたいキーメッセージなどを具体的にイメージしておく**と、インタビューはスムーズにいきます。

3 メッセージを届ける相手を明確にする

メッセージを投げかける相手は、目の前の記者ではなく、**記者の背後にいる読者や視聴者です**。自分の中にしっかりしたメッセージがあったとしても、情報の受け手が経営者なのか、一般消費者なのかによって少し言葉を変えたほうがよいでしょう。記者を通して誰にメッセージを届けるのか、を明確にしておく必要があります（図表1-4参照）。

4 「キラリと光る言葉」を用意する

取材された内容は記者によって原稿が起こされ、編集されます。そこで、記者の心に残るような**インパクトのある「キラリと光る言葉」を用意しておく**とよいでしょう。

図表1-4◎記者の背後にいる人を具体的にイメージする

日本経済新聞

・一般ビジネスマン
・株主
・取引先
・アナリスト

朝日新聞

・一般生活者
・女性

週刊新潮、週刊文春

・一般大衆
・マスコミ関係者（特にテレビ）

週刊ダイヤモンド

・上場企業経営者
・一般ビジネスマン

AERA

・オピニオンリーダー
・文化人、知識人

週刊ポスト

・一般男性
・サラリーマン

日経ベンチャー

・中小企業経営者

©Keiko Ishikawa

自分の感情をストレートに表現する言葉がキラリと光る言葉になります。広報が用意する文章とは別に必ず自分の言葉として、生きた言葉、心のこもった言葉としてコメントします。生きた言葉は主観的になることが多いのですが、一般論的な言葉よりインパクトがあり、報道される可能性は高くなります。

報道機関は、客観的事実を報道することが基本的な姿勢なのですが、**企業の主観的な感情や目標といった未来に向けての言葉は「　」でこのように述べた、と事実として報道します。**「○○社長は『この新事業は低迷する○○市場に活気を与え、さらに○○における潜在市場を発掘するきかっけになると確信している』と抱負を述べた」といったようなコメント紹介は、みなさんもよく見かけるのではないでしょうか。

◎──**「キラリと光る言葉」の選び方のコツ**

「キラリと光る言葉」は特別に難しい言葉である必要はありません。共通するのは**「わかりやすく、快く、力強く」**です。

わかりやすい表現とは、意味が理解できるということ。わかりやすさのポイントは二つ。長い修飾語は避ける、相手の知らない固有名詞を使わない、ことです。ブリタニカ百科事典には「読者の一〇人のうち九人は、わかりやすい文章を真実だと思い込む」とあります。

快い表現とは、イメージしやすいことで、「昼と夜ほどに違う」といった映像が浮かぶような言葉を使ったり、「キラリと光るアイデア」といった擬態語を使うことです。**力強い表現とは、「○○を確信し、××を目指します」といった、言い切りの言葉**のことで、意気込みが伝わり、熱意ある人として良い印象を持たれます。

◎――テレビでは、コメントは「八秒」以内で

テレビの場合には八秒で語れるように表現の工夫をします。

なぜ八秒かと言えば、テレビを注意深く見ていただくとわかると思いますが、映像は数秒単位で切り替わっていきます。そのため、**十秒以上同じ映像を映し出すことは、非常に稀**です。逆に言えば、十秒以上のコメントをした場合には、何らかの形でカット・編集されてしまう可能性が非常に高いとも言えるでしょう。

小泉純一郎首相が国民にとって親近感のある存在となったのは、自分の気持ちをストレートに表現する言葉を八秒でコメントしているからです。「私は改革を断行すると言ってるのです。これまでと何ら変わりません」と主語が明確で、**必ず自分の気持ちを語ります**。これまでの首相は「××だと言われていますが」と主語があいまいであることが多かったのです。実際、テレビ局の政治部デスクも「彼のコメントは国民にわかりやすい言葉だから放送したくなる」と

言っています。

◎――記者が取り上げたくなる「言葉」とは？

マスコミの使命は、情報伝達という手段を用いて公共の利益に奉仕することです。よって、記者がその言葉を聞いて、**「これは人々のためになる。このメッセージは、ぜひみんなに伝えたい」と思う言葉かどうか**、ということです。

記者が心を動かされる言葉はどのようなものかわかりますか？　キーワードをお教えしましょう。

「弱者救済、弱者のがんばり、女性、チャレンジ、新市場開拓、改革、コスト削減、雇用創出、未来志向、困難に立ち向かう、倫理、ボランティア、地域性、市民生活、大衆」等です。

何か気づきましたか？　そうです。基本的にマスコミというのは、弱い者に味方し、チャレンジして前に進む人を応援するという特性を持っているのです。

よって、その反対に位置する権力的、保守的な言葉、例えば、**「あくまでも行政の指導に従って行っているのです」「法律は守っているのですから、問題はないと思いますよ」**といった言葉には反感を持つのです。

感動のキーワードはしっかりと自分の中に叩き込み、自社や自分自身について語る際には自然に出てくるようにしましょう。もちろん、現実とかけ離れているようではいけません。事実と違うことを発言すれば、それは嘘になり、後で必ずばれてしまいます。どのようにばれてしまうかは、後ほど別の章で述べます。

5 リスクのある質問への回答を準備する

いったん取材に応じると、記者は必ずあらゆる角度からの質問をしてきます。事前の質問項目からどんどん発展することもあれば、全く予想もしない質問もしてくるのです。よって、事前に取材目的と関連する事項で会社にとって「リスクのある質問」と回答の準備をしておきます。

「リスクのある質問」というのは、回答の仕方によっては、記者をミスリードする、誤報やマイナス報道につながる、といった非常に重要な質問のことです。また、取材目的と関係のない質問については回答しない、などの確認をしておきます。

この作業をすることで情報開示のレベルの基準も明確になってきます。平時においては、基本的に三つの視点から記者は質問してくると考えてよいでしょう。会社が提供しているサービス内容、会社の仕組み、社長（経営幹部）個人の魅力。一方、会社側が用意する回答の種類としては二つに分けられます。積極的に伝えたい内容と回答したくない内容です。

◎──記者はどんな質問をするのか？

典型的な質問例をいくつか挙げておきましょう。

新事業展開に関する質問

・新事業展開にあたっての背景、動機は？
・投資額は？
・競合他社との違い、優位点は？
・現在の売り上げにどの程度貢献するのか、売上目標は？
・黒字化する時期はいつか
・ユーザーのメリットは？
・どのような営業展開をしていくのか
・提携パートナーの候補は？
・業界へのインパクトは？
・日本のマーケット全体にもたらす経済効果は？
・失敗する可能性はないのか

・勝算はあるのか
・リスク要因は？
・新事業に失敗した場合には、誰がどのように責任をとるのか

このような質問についての注意点は、**「まだ決まっていないことについては、具体的に回答してはいけない」**ということです。

例えば、提携パートナーなどについては交渉中であれば、先方の名前を出してはいけません。競合他社名、製品名は事実であれば出してもよいのですが、**固有名詞の取り扱いには特に注意が必要**です。他社製品を感情的に批難・中傷してはいけません。淡々と相違点と優位点を述べるようにしましょう。

失敗する可能性については、回答したくない内容かもしれませんが、変にごまかしたりしないことが大切です。当然のことながら、上場企業は情報を開示しなければなりませんが、非上場企業であっても、リスク情報は開示したほうがかえって会社に対する印象は良くなります。

もちろん、リスクについて無防備に漫然と述べてしまうのではありません。現在予測できるリスクがどのようなものであり、それが将来どのようになっていくかという予測を頻度や損害額といった具体的な数字に落とし込み、さらにそれに対する予防・低減・回避策も述べること

ができれば、リスクに対して真正面から取り組み、管理している企業と評価されるでしょう。

会社の仕組み

・従業員数は？
・男女比は？
・平均年齢は？
・人材活用術は？
・体制の強み、弱みは？
・情報の共有化はどのように行っているのか
・IT活用度は？
・社内のコミュニケーション体制は？
・内部通報制度はあるのか

営業力向上や不正防止の対策として、**社内コミュニケーション体制が非常に注目されています**。最近注目のキーワードとしては、ITを活用して情報共有をする「ナレッジマネジメント」と社内の風通しを良くすることで不正を未然に防ごうという「内部通報制度」と言えるでしょう。

積極的に報道されたいという目的があれば、時代のキーワードを盛り込みながら、話を進めるとよいでしょう。また、有能な人材の確保や社員の能力向上への取り組みだけでなく、社会的弱者の有効活用などがあれば、非常に好印象を与えることができます。現在体制が整っていない場合には、問題意識があること、計画としてある場合にはできるだけ具体的な期日を明示して、改革・改善の意思があることを伝えられるようにするとよいでしょう。

社長個人の魅力

・どのようなきっかけで会社を設立したのか
・現在の課題は?
・経営者として大切にしている信念は?
・今後考えている事業展開は?
・業界の将来展望など
・企業の社会的責任についてどう考えるか

取材に対応した人の、「人間的な魅力」を伝えられるかどうかが、会社へのイメージに大きく影響します。役員や部長などマネジメントクラスであっても同様のことが言えます。ポイントは、「この人は人間として魅力がある」「好感が持てる」と思わせることができるかどうかです。**ここで良い印象を与えられれば、あらゆる場面でプラスに働きます。**うまくいけば、社長に焦点を当てた記事になりますし、緊急事態が発生した際には、「取材した時、とても好感の持てた社長が、窮地に立たされている。大変そうだな」と同情的な記事を書いてくれることもあります。

「きみぃ、もう少し勉強したまえ。そうゆう質問をしてくるのはちょっと勉強不足だよ」と見下した態度で普段記者に接していると、緊急記者会見ではどうなるでしょう。普段から恥をかかされている記者はここぞとばかりに攻撃的になるでしょう。

では、記者から見て「人間として魅力的な人」「好感が持てる人」とは、どのような人のことだと思いますか？ **記者から「好かれる人」に共通しているのは、「オープンマインドで、型にとらわれない人」**です。

オープンマインドというのは隠し事をしない態度で、記者の質問に答えることです。型にとらわれない人というのは、発想が豊かで改革精神に富んでいる人、将来を切り開く人です。先ほど、記者が心を動かされる言葉として「改革、未来志向、チャレンジ」を挙げましたが、そこに共通する部分です。

もっと言ってしまうと、**打ち合わせにはなかったこと、全く予定しないことを言ってしまう突拍子のない社長ほど、記者には好かれる傾向があります**。ある意味、広報担当者泣かせではありますが、広報担当者の手の内に収まるような器であってはいけないということでしょう。

6 報道資料を用意する

報道資料とは、記者が企業を理解するための基本情報が一式まとめられているもののことで、プレスキットとも呼ばれています。具体的には、下記のような資料になります。

取材前に準備すべき報道資料

- ❏ 会社概要
- ❏ プレスリリース（最新版と過去の参考版等）
- ❏ 社長プロフィール
- ❏ サービス（商品）概要
- ❏ 宣伝素材（社長の写真、商品写真、サービス概要図など）
- ❏ 業界関連資料（マーケット情報、用語集、競合他社比較表等）
- ❏ ビデオニュースリリース

◎――たった一枚の写真で、会社の第一印象は八〇%決まってしまう

記者の取材目的によって準備する資料はその都度異なりますが、会社概要と最新のプレスリリースは必ず準備してください。

プレスリリースとは、報道関係者向けに作成された文字資料で、企業の新規事業などの活動が社会に与える影響、社会的意義、経済効果等について会社側の見解をA4サイズの用紙一～二枚に簡潔にまとめたものです。

取材対応者が社長の場合には、社長のプロフィールも必要です。**社長の経歴が話題のきっかけになるなど、記者に社長への親近感を深めさせる効果があります。**「○○社長は、なるほどこのような経歴があるのですね。今のビジネスとは全く別の世界のようですが、何か共通するものはあるのでしょうか」といった会話に発展することはよくあります。

宣伝素材というのは、そのまま記事として掲載されてもよい写真素材のことです。企業がその時強調したい内容を一枚の写真で演出するのです。

新商品に関連する取材であれば新商品の写真、新サービスであればサービス概要図、安全性に関する取材であれば、製品の安全性を理解させられる工程図などです。一枚の図や写真の視覚的効果は後ほど詳しく述べますが、**マスコミに出す写真によって、その商品やサービス、会**

社の第一印象は八〇%決まってしまうと思ってください。非常に大衆的な写真、キャラクターなどの写真、芸術性の高い写真、時代を反映する写真、事故の写真は一人歩きしてしまうほどのインパクトがあります。この写真素材の演出効果は意外と見逃しがちですが、非常に重要ですので、注意して選定しなければなりません。

記者から感謝されるのは、**客観的な周辺情報の提供**です。例えば、市場規模、業界動向、競合情報について公的機関が発表している情報を用意しておくと非常に喜ばれます。これらの情報は記者が裏取りの調査に動く際や記事の企画を考える際に役に立つからです。

このほか、最近は、ビデオニュースリリース（VNR）というものも出てきています。ビデオ版のニュースリリース（プレスリリース）のことです。VNRとは、企業が広報の一環として自社製品などをニュースで取り上げてもらうために、**企業側がニュースを制作し、テレビ局がそのまますぐに放送できるように無料で提供するもの**です。

例えば、ストレス予防の新製品を開発したとします。ビデオの構成は、まず最初にストレス社会の到来、自殺者の増加という一般的な社会現象を政府の統計資料などで紹介し、一般市民の声やオピニオンリーダーのインタビューなどを随所に盛り込み、新製品の重要性をさりげなく訴求するといった形です。きわめて客観的な作り方にして、テレビ局側が使いたくなるように仕向けているところが、企業のこれまでのプロモーションビデオと異なります。

あれこれ考えるとつい分量が多くなってしまいますが、**資料が多すぎてはいけません**。特に会社のパンフレット類はかさばるだけです。

記者は、**一般に出回っていない情報を手に入れたい**のですから、いかにも一般に出回っていますよ、という見栄えの良い営業資料を用意するよりは、体裁が整っていなくても、「あなたのためだけに用意しました」という気持ちが伝わるような、**できたてホヤホヤのそっけない文字情報**のほうが喜ばれます。

7 記録としてビデオ撮影や録音の準備をする

取材内容を記録する方法を、事前に考えます。新聞など活字媒体であれば、録音だけでよいでしょう。テレビの場合にはビデオとして記録しておくのが理想的ですが、テレビ局側のカメラとバッティングしてしまうので、置く位置は邪魔にならないように気をつけなければなりません。ビデオも録音も無理な場合には、手書きメモでもよいので、**Q&Aの形で記録してください**。

この記録はいろいろなところで活用することができます。特に**誤報が起きた場合には貴重な証拠品となります**。記者をミスリードしてしまった場合のこちら側の反省材料にもなります。記者が失礼な態度をとった時にも、抗議の際に証拠品として利用できます。

◎──取材に「オフレコ」はないと思え！　オフレコ話の注意点

ある会社との提携について取材を設定した時のことですが、社長は記者に対し、「まだ確定していないから、相手の会社名は出さないでくれ。会社名はオフレコだから」と言い、記者は約束を守り、相手の国名と業種のみを書いて記事にしました。ところが社長は「オフレコだと言ったのに、記事にしやがった」と怒り出してしまった。後でテープを何度か聞き直しましたが、やはりオフレコは会社名であり、提携話そのものをオフレコとは言っていなかったことが確認できたのです。

直前のチェック事項

インタビューの直前には、相手からの第一印象を意識して、声、表情、身だしなみを念入りにチェックしましょう。

1　軽くディスカッションする

インタビューの三十分前には、関係者が集まって、直前の確認を含めた打ち合わせをします。特にリスクのある質問は、実際に声に出してディスカッションスタイルで対応を決めていきます。**声を出して回答する、というシミュレーションをしておく**と気持ちが落ち着いてきます。

2　身だしなみのチェック

直前には必ず鏡を見て全身の身だしなみをチェックします。髪形、ヒゲ、メガネの汚れ、スーツ、Vゾーン、ネクタイ、靴、女性であれば化粧直しなどが必要です。全身がチェックできるよう社長室に「姿見」があるとよいでしょう。

アメリカの心理学者・メラビアンによると、相手の受け止めるメッセージは、ボディランゲージなどの外見が五五%、声の調子が三八%、言葉が七%という結果が出ています。服装についての細かいことは後ほど述べますが、特にインタビューが入った際には、撮影されることが多いので、どんなに時間がない時でも清潔感のある身だしなみを心がけましょう。

3 髪形、表情、口臭、発声のチェック

鏡で必ず自分の顔をチェックしてください。髪は飛び跳ねていないか、ヘアリキッドはつけ過ぎていないか、顔は脂ぎっていないか、目の表情は生き生きとしているか、眠そうにしていないか、無精ヒゲは生えていないか、など細かい点をチェックするのです。

全体的に、清潔感があるかどうかをよく見ること。表情がよくない場合には、怒った顔、笑った顔、あごを上げる、下げる、両手で顔の筋肉をマッサージしながらその日のベストスマイルを作ってみましょう。口臭を消すために、うがいも忘れずに行いましょう。発声練習は、前述の軽いディスカッションの際に声を出しておけばよいのですが、テレビの場合にはうわずったり早口になったりしないよう、特に念入りに発声練習をしてください。

ここまで、平時における取材対応の準備について、記者への確認事項、事前に準備すること、直前に準備することの三つに分けて説明しました。図表1－5に、チェックリストとしてまとめましたので、ぜひお役立てください。

次は、インタビュー中の注意事項について説明します。

図表1-5◎取材対応準備のチェックリスト

記者への確認事項	❑ 取材の目的
	❑ 主な質問事項
	❑ 取材の日時
	❑ 取材者の人数
	❑ 撮影の有無
	❑ 報道の形態
	❑ 記者の連絡先
事前に準備すること	❑ 理想的な記事をイメージする
	❑ 誰を対象としたメッセージにするのか、明確にする
	❑ キーメッセージを用意する
	❑ リスクのある質問への、対応方法を考える
	❑ 報道資料を準備する
	❑ 記録の準備（録音、ビデオ、メモ）
直前に準備すること	❑ 直前ミーティングでディスカッション、メッセージ確認
	❑ 鏡で全身をチェックする
	❑ 鏡の前でベストスマイルを作ってみる
	❑ 髪の乱れを直す
	❑ 顔の脂を拭き取る
	❑ 化粧直しをする
	❑ メガネの汚れを拭き取る
	❑ キーメッセージを声に出して言ってみる
	❑ 口臭を消す

インタビュー中のチェック項目

1　基本はオープンマインドな態度

どのような時でもマスコミに対する態度の基本はオープンマインドです。「**みなさんが必要とする情報は企業機密でない限り、すべてお答えします**」という基本姿勢を最初に出しておくことが大切です。

この一言を言うだけでもかなり印象は良くなります。企業機密にかかわることであれば、丁寧にそのことを説明し、理解を求めましょう。幸いにもコミュニケーションする相手は記者であり、聞く耳を持っているのです。理解してもらおうと懸命に説明すれば、相手からの信頼を得て、好印象を残すことができるのです。また、多少説明が下手でも好印象を残すことができれば、記者はマイナスの記事を書こうとはしません。それほど人に好かれるというのは大切なことなのです。

ゴジラことヤンキースの松井秀喜選手が、ヤンキース入団が決まって記者会見した時のことです。イスに座って記者会見に応じていた松井選手。実は、両足のかかとが浮いたままの姿勢でした。テレビの司会者は「緊張感があってよい態度だ」とコメントしていましたが、一般的には、両足を浮かせるというのは不安定で落ち着きがなく、正しい姿勢とは言えません。このように好かれていると何でも良いほうに受け取ってもらえるのです。

2 とにかく記者の様子をよく観察すること

インタビューは記者からの質問に答える形で進みますが、記者の様子をよく見て話を展開するようにします。ポイントは、記者が納得しているか、記者をミスリードしていないか、記者がインタビューに満足しているか、です。

現場に来る記者は二十代から三十代で社長よりも若い人が多いため、気が抜けてしまったり、タバコを吸い始めたり、ぞんざいな態度になってしまうという傾向がありますが、**どんなに若い記者であっても緊張感を緩めず、相手が納得するまで説明をしてください**。一人の記者の背後には何十万、何百万という読者がいるのです。一人の記者の理解は同時に何十万、何百万人への理解につながります。

観察ポイント

- ❏ 記者が納得しているか
- ❏ 記者をミスリードしていないか
- ❏ 記者がインタビューに満足しているか

3 専門用語を羅列して説明してはいけない

専門用語は取材に来た記者の知識レベルに応じて使い分ける必要があります。記者といっても所属する媒体や部署によって専門知識の量は異なるからです。基本的にはできるだけ専門用語を使わないように心がけてください。

専門用語を使う場合でも、必ず説明の言葉を添えて丁寧に話します。「○○って、わかりますよね」と言われた場合、知識がない記者ほど「知らない」とは言いにくいものです。

業界専門雑誌は非常に細かい技術用語までカバーしており、時には技術者や研究者がライターであったり、記者自身が高い専門知識を持っていることもありますので、その場合には専門用語を使ったほうがよいでしょう。

記者が理解しているかどうかの判断方法は、途中で質問をしてくる、自分の言葉で言い換えて確認してくる、メモを取っている、です。この三つのいずれもしていない場合には理解していないか、関心がないということになります。

記者が理解しているかどうかの判断方法

- ❏ 途中で質問をしているか
- ❏ 自分の言葉で言い換えて確認しているか
- ❏ メモを取っているか

この三つのいずれもしていない場合には理解していないか、関心がないということ。

4 数字を出す時にはくれぐれも注意する

記者は数字を欲しがります。例えば、売上目標、市場規模、株主資本比率などです。数字があると、報道内容に説得力を持たせることができます。必ず何らかの数字を求められますので、出せる数字があれば事前に用意するとよいでしょう。また、**あやふやな数字についてはその場で即答は避けます**。数字は一度出すと、どんどん一人歩きしてしまい、後での訂正に手間取ってしまうからです。これは記者会見の時も同様です。

社長の場合、大体の数字は頭に入っていても、正確な数字でないことがよくあります。あやふやな数字については、その場では**必ず「だいたい○○だったと思いますが、正確な数字については確認して後ほどご連絡します」**としてください。

5 未確認事項について憶測で発言してはいけない

「憶測」と「推測」の違いについて考えたことはありますか？

「憶測」は事実に基づかないいいかげんな考え方です。一方、「推測」は事実や知識を基にして物事の全体や将来などについて、「たぶんこうであろう」と考えることです。火災事故などの出火原因については、「考えられる原因は何か」と厳しく追及されます。

この場合に注意しなければならないことは、いくつかの事実や周囲の状況から判断して推測できることを述べるのはよいのですが、根拠のないことについては述べてはいけない、ということです。いったん、憶測で発言すると収拾がつかなくなるからです。

通常の取材の中でも、例えば、取材対応者が「他社でもインターネットを活用した情報提供を積極的に行っているだろうから、私たちも考えないといけない」と言ったとすると、記者はすかさずこう質問します。

記者「他社とはどこですか。他社は積極的に情報提供しているのですか」
会社側「いや、その……たぶんしているだろうと思って……」
記者「実際にホームページを見たのですか？」
会社側「いや、実際見たわけではなく……」
このように、事実に基づかない発言は必ず窮地に追い込まれていきます。

6 他の人や会社をやたらに中傷しない

自社と利害関係のあるほかの会社や人を批判する、中傷するといったことは基本的にやめたほうがよいでしょう。理由は、これによって得することは、ひとつもないからです。特に**競合他社、同じ業界内については差し控えるべき**でしょう。

すでに新聞報道されている企業の過失についてのコメントは記者も聞き流しますが、初めて聞くある企業の問題点などは取材や記事化のヒントになります。まず記者というのは、「批判は好んで取り上げる」という特性があるため、批判コメントは必ず記事になってしまいます。

記者も批判コメントを取るためにわざと「競合他社は、あなた方のサービスのことをひどくコケにしていましたよ」と言ってくる場合があります。このような誘いには乗ってはいけません。

図表1-6◎インタビュー中のチェックリスト

自分自身に対して	❑ オープンマインドな態度で接しているか
	❑ 専門用語を羅列していないか
	❑ 出した数字は正確か
	❑ 記者をミスリードしていないか
	❑ 競合会社の悪口を言っていないか
	❑ 他者の悪口を言っていないか
	❑ 憶測発言をしていないか
記者に対して	❑ 理解しているか
	❑ 満足しているか
	❑ 感動しているか

©Keiko Ishikawa

ある目的があって記事になることを承知でコメントする場合には、この限りではありません。相手をけん制するために意図的に批判するという戦略は、戦争時にはよく取られます。

7 一人で取材対応しない

取材は基本的に一人で受けないようにしてください。ワンマン社長は、一人で何でもできる方が多く、直接記者から取材申し込みが入ると一人で対応してしまいがちですが、できるだけ同席者をつけましょう。

同席者の役割は、

- **・質問事項をメモする**
- **・取材対応者の記憶があいまいな場合には、その場で電話をして資料を社内から取り寄せる**
- **・「後で返答すること」をメモする**

・記者が理解していないと感じたら言葉を補足する

などその場の様子を客観的に観察し、取材対応者のフォローをすることです。

さて、取材が終わり記者が帰ると、ホッとひと安心ですが、この時点で次の項目をチェックしておきましょう。

取材後のチェック項目事項

- ❑取材時に公表してはならないことを言っていないか
- ❑事実関係で訂正すべき点はないか
- ❑記者から要望のあった補足資料、補足説明は何か
- ❑掲載時に影響がある関係各方面への事前連絡は必要か
- ❑クリッピングの手配をしているか

これらの事項を確認して、必要な行動をとりましょう。

クリッピングというのは報道記事や報道番組を集めることです。担当の記者やディレクター

に、掲載された新聞や雑誌、収録番組を送ってほしいと依頼することも可能ですが、あまり期待はできませんので、自社で集められる体制を作っておきましょう。

特に通信社から配信されて地方紙で掲載された場合には、通信社の記者も把握してなく集めるのが困難です。実際、社内で行うとなると大変な労力が必要となりますので、**クリッピング専門の業者を使うことをおすすめします**。そこにキーワードを登録しておくとキーワードが掲載された新聞などの記事を切り抜き、その部分を郵送してくれます（図表1－7参照）。テレビなどの場合には番組を指定しておけば、放映された部分をビデオに収録してくれます。

ウェブの場合には、自社サイトへのアクセスログを調査すればわかります。報道された時点で内容に間違いがないかどうかの確認は必ずしなければなりませんので、クリッピングは大切です。問題がなければ記者にお礼の連絡をしますが、問題がある場合には、訂正依頼、追加取材の依頼、抗議などをしなければなりません。

誤報対応は、影響レベルに応じて対処する

誤報と一口に言っても実際にはさまざまなレベルがあるので、対応は被害レベルに応じて行

図表1-7◎新聞記事のクリッピング例

A4サイズの用紙に、新聞記事コピーを載せ、新聞名、掲載日付を記しているものが多い

います（図表1－8参照）。

明らかな誤報の場合には、訂正記事を掲載してもらうというのが基本になりますが、まずは**その記事による影響を考えましょう**。例えば小さな記事で影響がほとんどない場合には、二次波及を阻止するために、記者への説明を再度行います。

あるいは、数字や漢字などの間違いの場合であれば、データベースだけ訂正要求します。追加取材を打診し、別の形でプラス報道をしてもらう、という取引にもっていくこともできます。ビジネスへの影響が大きい場合には、口頭や文書で抗議文や訂正要求文を出します。

被害が大きく社会的問題に発展すれば、検証報道にまで持ち込む交渉ができます。検証報道というのは、誤報が生じた際に、誤報と同じス

図表1-8◎誤報の対応方法

＊影響レベルに応じて対応方法を選択する

単純ミスで、経営への影響が少ない

・二次波及を阻止するために記者へ再度説明する

・データベースだけ訂正要求する

・追加取材など別の切り口で記事を掲載してもらえるよう働きかける

・別のネタを大きく報道してもらえるよう働きかける

・訂正記事を掲載してもらえるよう交渉する

・誤報と同じスペースで、誤報であったことを記事として報道してもらう（検証報道）

・文書で抗議文や訂正要求文を出す（要望書、警告書、通知書、通告書）

・緊急記者会見を行う

・誤報を流したメディア以外に緊急FAXを送る

・法的手段に訴える

悪質な報道で、経営への影響が大きい

©Keiko Ishikawa

ペースで誤報であったことを記事として報道することです。テレビの場合には、一時間番組などの特番を組むこともあります。検証報道により、世論に対して与えた誤解やミスリードを訂正することができます。それでも折り合いがつかない場合には、記者会見を開く、他メディアへの緊急ＦＡＸという方法、最終的には法的手段に訴えることになりますが、ここまでくるとそのメディアとの関係を悪化させることになり、相当の覚悟を必要とします。メディアを敵にすると後々まで影響するので、できるだけ、マスコミの特性を生かした、検証報道で事態を収拾したほうがよいでしょう。

まとめ

基本的なマスコミ対応

・基本的な対応方法を知るだけで、緊急時の「誤報」を防げる
・新聞・通信社・テレビ・雑誌など、メディアの特性によって関心事や読者、視点が異なる
・「取材」では、基本的にはマスコミも企業もお金を支払うことはない
・広告営業という形で脅迫する「ブラックジャーナリスト」に注意。やんわり断ること
・平時のマスコミ対応の第一歩は「広報担当者を決めておくこと」
・「取材拒否」は、憶測報道と批判記事でマイナスに作用するので、情報開示を心がける
・インタビュー対応の流れは、①内容確認（可否の決定）②メッセージ準備③身だしなみチェック④本番⑤追加説明などフォロー⑥お礼や誤報対応の六つの段階がある
・事前準備では、記事になりそうな「キラリと光る」言葉を用意しておく。テレビの場合、社長のコメントは八秒以内に。記者は「弱者を守り、未来へチャレンジする」人を応援する

・回答の仕方によってはマイナス報道になる、「リスクのある質問」への回答を準備すること
・まだ決まっていないことについては、「具体的に」回答してはいけない
・事前に報道資料を用意しておく。資料は多すぎず、一般に出回っていないものが喜ばれる
・誤報の際の証拠品にもなるので、取材記録を残す。撮影や録音、無理な場合はメモをとる。取材に「オフレコ」はないと肝に銘じておくこと。・直前は、身だしなみ、髪形、表情、口臭、発声などのチェックを行う
・取材は、オープンマインドな態度で、理解しているのか様子を確認しながら話す
・「数字を出す」「未確認事項」「他社などの中傷」などの発言には、細心の注意を払う
・一人で取材対応をしない。必ず同席者をつけること
・誤報の場合、自社が被害を被る「レベル」によって対処方法が異なる

第2章

緊急時のマスコミ対応

企業における緊急時とは？

企業における「緊急時」とは、序章において「会社に損失をもたらす重大な事件・事故で、その対策や対応に至急を要する場合」と定義しました。

具体的には、例えば、工場火災や欠陥商品、粉飾決算など企業内で起きた事件・事故、あるいは社員の過労死、経営幹部のセクハラや誘拐などさまざまな場合があります。

最近では、個人情報流出やコンピュータのシステムダウンによるサービスの停止など、ＩＴ社会ならではの事故も頻繁に起こっています。厳密に言えば、緊急事態の内容によって、記者会見のタイミングや注意しなければならないポイントは少しずつ異なりますが、ここでは基本的な緊急時のマスコミ対応の流れ（図表２－１参照）とポイントを学びましょう。

図表2-1◎緊急時のマスコミ対応の流れ

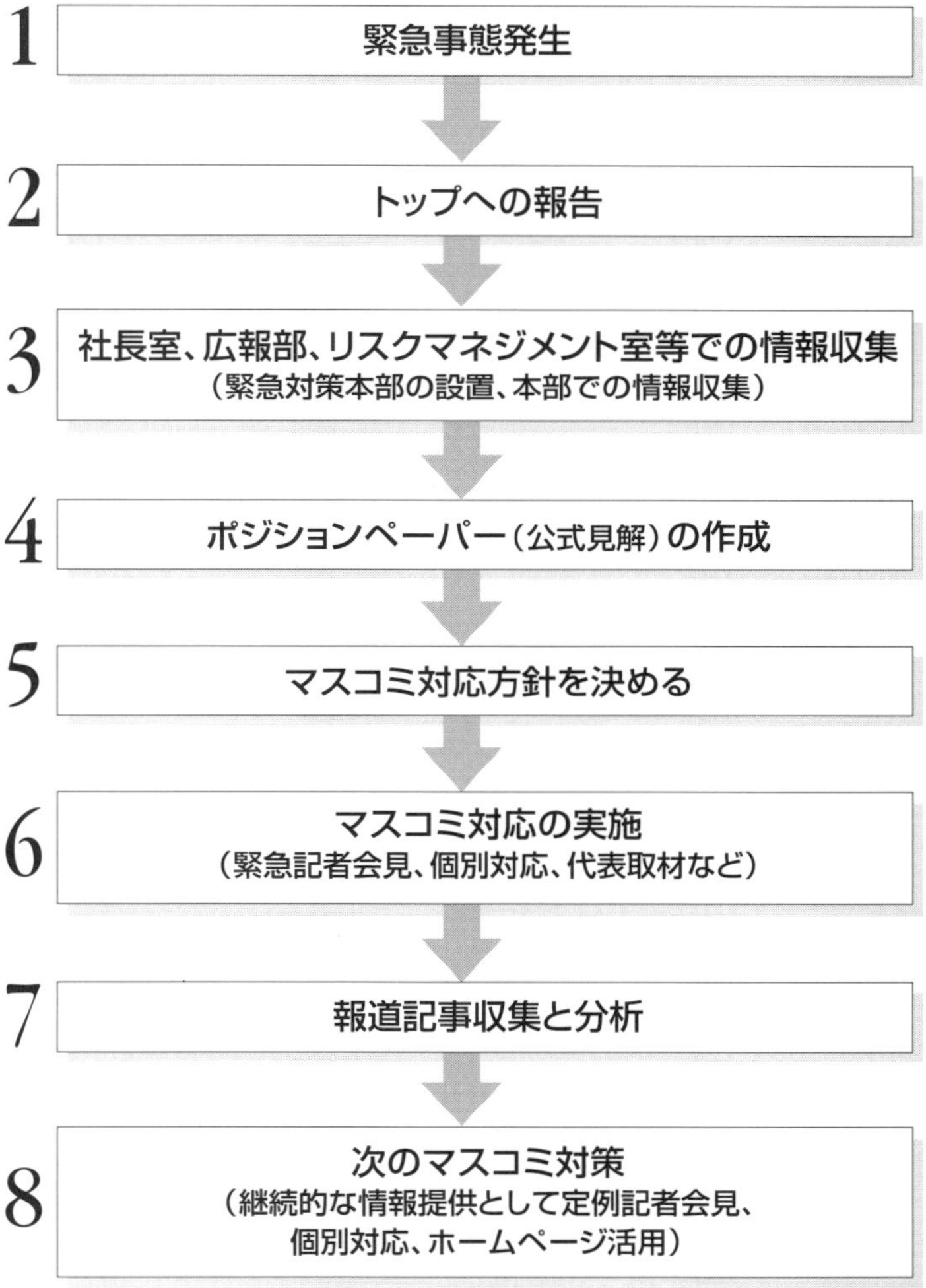
1 緊急事態発生
2 トップへの報告
3 社長室、広報部、リスクマネジメント室等での情報収集
（緊急対策本部の設置、本部での情報収集）
4 ポジションペーパー（公式見解）の作成
5 マスコミ対応方針を決める
6 マスコミ対応の実施
（緊急記者会見、個別対応、代表取材など）
7 報道記事収集と分析
8 次のマスコミ対策
（継続的な情報提供として定例記者会見、
個別対応、ホームページ活用）

©Keiko Ishikawa

企業における緊急時とは？

- 火災・爆発事故
- 欠陥商品・毒物混入
- 企業犯罪（粉飾決算、脱税、贈賄、横領）
- 環境汚染
- コンピュータのシステムダウンによるサービスの停止・遅れ
- 社員の過労死
- クレーム対応ミス
- 顧客データの流出
- 社員の犯罪・過失（事故、殺人、窃盗）
- 買収
- 経営幹部の不祥事（セクハラ、パワハラ、インサイダー）
- テロ
- 経営幹部誘拐

何よりも、トップへの情報伝達の「速さ」が命

さて、緊急事態が発生しました。

中小企業であれば、すぐに社長にも知らせは届くと思いますが、**大企業の場合には、まずここでつまずきます**。つまり、現場から上に情報が迅速に上がってこないのです。

二〇〇〇年に起きた雪印乳業の食中毒事件では、社長は「自主回収を決めた後」に事件を知ったということです。そうなれば当然、記者会見も遅れます。この時は、最初の苦情発生から五八時間も経ってから初めて記者会見が行われました。

記者が必ず聞くのは「社長はいつ・どこで事実を知ったのか？」

緊急記者会見で必ず受ける質問は、**「社長はいつ知りましたか」「その時社長どこにいましたか」「最初に何を指示しましたか」**です。

緊急時には、知るべき人がどれだけ早くその事実を知ることができるかが、その後の運命を左右します。当時の雪印乳業石川社長も「自分に早く情報が上がっていればここまで被害は拡大しなかったはず」と無念のコメントを発しています。後ほどNGコメントでも述べますが、**社長には「知らなかった」という言葉は許されない**のです。部内でのもみ消しがあったとしても、社長には、現場の情報が迅速に社長に伝わる体制を普段から整えておかなかったという、トップとしての責任を追及されます。

まずはポジションペーパー（公式見解）を作成する

緊急事態においては、情報を集めることが大切だということは当然のことなのですが、**ただ単に「情報を集めろ！」と指示しても情報は集まりません**。スタッフはどのような情報を集めたらよいのか、皆目見当がつかないからです。

そこでポジションペーパーを作成することを目標として、情報を集めるといいでしょう。ポジションペーパーとは、ある問題が起きた場合に、事実関係を客観的に示す文書です。「**公式見解**」「**統一見解**」「**声明文（ステートメント）**」とも言います（図表2－2参照）。

図表2-2◎ポジションペーパー（公式見解）・見本

報道関係者各位

○月○日○時○分
○○株式会社

「○○○○」の事態について

1. 事実（事故、事件）内容
2. 経過…………
   現在の状況は、…………
3. 原因
4. 対策
5. 見解

お問い合わせ先

○○緊急対策本部
担当者名　電話　FAX　メール　住所

事実、経過、原因、対策、コメントを、Ａ４用紙一、二枚程度にまとめます。その時の状況に応じて、社員、マスコミ、消費者団体、取引先、金融機関、行政機関、評論家等に配布します。このポジションペーパーの作成と配布によって、緊急事態発生時に起こりがちな言葉による誤解を防ぐことができるのです。

実際に文章を作成する際には、記者からの想定質問を作成と同時に行うとよいでしょう。記者から質問されそうなことを先に文書化しておけば、それだけ質問を減らすことができます。

１　事実

誰が、いつ、どこで、何を、どのようにしたか、を明確にして、５Ｗ１Ｈの形で簡潔に記載します。

２　経過

発生時から現在に至るまでの経過を日時、時間単位で箇条書きにします。経過の結果、現在どのようになっているかの状況説明も加えます。

３　原因

発生から発表までの時間がない場合には、**「原因を究明中」**という一言に尽きます。絶対に憶測事項を記載してはいけません。発生からすでに時間が経過し、状況証拠からある程度原因を推定できている場合には記載します。

4 対策

発生から発表までの時間が短い場合には、「今後対策を検討し……」という言葉でよいですが、**「いつまでに対策を発表する」**という**具体的な日時だけでも記載**したほうが、記者からの攻撃を少なくすることができます。

二度と同じ過ちを起こさないために具体的に何をどうするのかの記載も必要でしょう。お決まりの文章のみであれば、口先だけという印象を持たれます。

5 見解（結論）

起きてしまった事件（事故）について会社としてどう思うのか、どのように結論づけるのか、どう責任をとるのかを記載します。ここが、**会社としての公式見解となる重要な部分**になります。反省すべき点は反省し、謝罪すべきことは謝罪し、主張すべきことは主張しましょう。

マスコミへの発表方法を決める。ポイントは「誰が被害者」で「何を守るのか」

災害などの場合には、消防署や警察に届けた時点で、マスコミからの問い合わせが入ります。**警察とマスコミは、ほぼ同時に動く**と思って間違いありません。

事件性のある問題が生じて警察の捜査が入る場合にも、その動きはすべてマスコミに筒抜けです。ですから、**マスコミへの対応方針はすぐに決めなければなりません**。方針を決めるにあたっては、事態の重要性、社会性、マスコミの問い合わせ状況を考慮します。

人命にかかわる場合には、迅速に発表する

特に人命にかかわるような社会的影響の大きい事件・事故などについての**最初の発表は、発生から二時間以内**を目指します。最初の発表方法としては、記者会見、プレスリリースの配布や配信、ホームページへの掲載等です。

社会的影響の少ない事故・事件の場合には、マスコミへの発表をしなくてよいのか、というところが判断の分かれ目になります。企業側からすると不祥事や事故、事件、欠陥品などは隠したいという心理が働くため、「この程度の問題はたいしたことはないだろう、社会の関心事ではなかろう、マスコミに発表するほどではないだろう」と判断しがちです。

事件・事故などは消防署や警察に連絡をするため隠しようがないから、発表せざるを得ません。けれども、欠陥品や不祥事になると必ずしも表面化するとは限りません。そうなると、隠せるものなら隠しておこうという心理が働きます。当事者になるとどうしても客観的な判断ができなくなってしまうので、このような重要な判断をしなければならない場合には、広報の専門家やリスク対策の専門家など、社外のコンサルタントなどを活用するとよいでしょう。

「企業が被害者」の場合には、マスコミ発表は慎重に

逆に、社長の誘拐やテロに巻き込まれた場合には、**「マスコミへの発表をしないこと」**で、**被害者を守る**方針を立てなければなりません。これは、マスコミ発表することで、被害者が危険な状態にさらされる恐れがあるからです。

もちろん、どのような状況の時もマスコミは情報公開・説明責任を求めますが、**マスコミの情報公開要求が常に正しいとは限りません**ので、冷静に判断しなくてはなりません。**企業が被害者側に立った場合には、マスコミへの情報開示責任は追及されません**。この点はしっかり押さえましょう。

個人情報流出の場合は？

個人情報流出で企業側が脅迫された場合はどうなるでしょう。この場合は複雑です。企業は脅迫の「被害者」ではありますが、**個人情報を管理する義務を怠ったという点では、「責任」を追及されます**。

経営者の方の中には「個人情報漏えいなんてたいしたことないじゃないか」と思ってしまう方がいるかもしれませんが、これは間違い。大きな社会問題に発展することもあります。

数年前、テンプスタッフの登録者の個人情報が流出し、女性たちが無言電話や自宅での待ち伏せにあうなどストーカー事件が起こり、社会問題となりました。二〇〇四年四月からは「個人情報保護法」（図表2-3参照）がスタートし、二〇〇五年からは一般企業にも適用されま

図表2-3◎個人情報保護法とは

個人の権利と利益を保護するために、個人情報を取得し取り扱っている事業者に対し、さまざまな義務と対応を定めた法律。2005年4月より全面施行が予定されている。本人である個人の権利を定める法律ではなく、企業が守らなければならない義務を定め、それに違反した場合には行政機関が処分を行うというもの。事業者は、この法律により、利用目的の特定および制限、適切な取得、取得に際する利用目的の通知または公表、安全管理、第三者提供の制限などの義務を果たさなければならず、違反すると行政処分や罰則が科せられることになる。

す。そのため、社会の関心は高く、**マスコミからは必ず管理責任を追及される**という覚悟は必要です。ただ、即人命にかかわるという問題ではないので、**初期対応さえ誤らなければ、報道は一日だけで終息します。**

マスコミ発表をするかしないかの判断の中で、最初に考慮すべきことは、発生した事件・事故で「**誰が被害者か**」、そして「**何を守るべきなのか**」ということなのです。このポイントを外さなければマスコミへの情報開示方針を正しく立てることができます。

マスコミへの発表方法：個別対応はタブー

では、具体的な発表方法としてどのような選択があるかというと、次の通りです。

・**緊急記者会見を開く**
・**代表取材の設定**
・**特定メディアとの個別取材の設定**
・**プレスリリースの配布、もしくはＦＡＸやメールでの配信**
・**プレスリリースを自社ホームページに掲載する**

どの方法を選択するかは、ケースバイケースです。

どのメディアに発表すればよいかというと、基本的には、国内を代表する二大通信社と五大紙（新聞社）を押さえておけばよいでしょう。

具体的には、**共同通信、時事通信、朝日新聞、読売新聞、日本経済新聞、毎日新聞、産経新**

聞です。テレビ局と地方紙には通信社からニュースが提供されます。

マスコミからの取材申し込みが殺到した場合、**一社ずつ対応することは絶対避けるべき**です。なぜなら**一社にだけ話してしまったら、「スクープ記事」として大きく報道されてしまう**からです。このような場合には、まずは記者会見をすべきであり、さらに迅速に自社のホームページに掲載しておくこと。こうすれば、「スクープ」としての価値はなくなります。新製品発表のような宣伝の時とは、全く逆の手法を使うこと、発想の転換が求められます。

記者からの質問を想定する

ポジションペーパーを作成しながら、記者からの質問を想定します。

企業機密にかかわることや個人のプライバシーに関連することなど、**絶対に公開してはいけないこと以外はすべてオープンにすべき**です。ここが平時とは異なるポイントになります。

緊急時には細かい基準を作ってもまず成功しません。守るべきものは何か、企業イメージか、従業員の命か、市民の人命か、その時の状況に応じて守るべきものの優先順位を決め、公表する内容を決めます。

また、発生と同時にさまざまな問い合わせがきますので、**問い合わせ内容と回答はすべてメモし、Q&A集として情報を共有化**しましょう。

想定質問を考えるという作業は、マスコミ対策を考える上でとても役に立ちます。理由は、記者の立場に立って考えることを通して、記者の心理や行動を予測することができるからです。記者の質問を想定することができるようになれば、落ち着いて対応することができるようになります。また、メディア戦略として記者の質問を想定しながら、記者会見の中身を組み立てるということもできるようになります。

つまり、記者から質問がありそうな内容については、「**聞かれる前に、説明をする**」という戦略がとれるのです。記者はいつものようにあの質問とこの質問をしよう、と待ち構えています。そこで最初に記者が欲しい情報を発表してしまえば、質問の数を減らすことができ、場当たり的な応対から発生する心理的負担を軽くすることができます。

「事件・事故発生時から現在まで」に、質問は集中する

記者からの質問を考える場合は、過去・現在・未来と区分すると作りやすいでしょう。

図表2-4◎マスコミからの質問は、「発生時から現在まで」に集中する

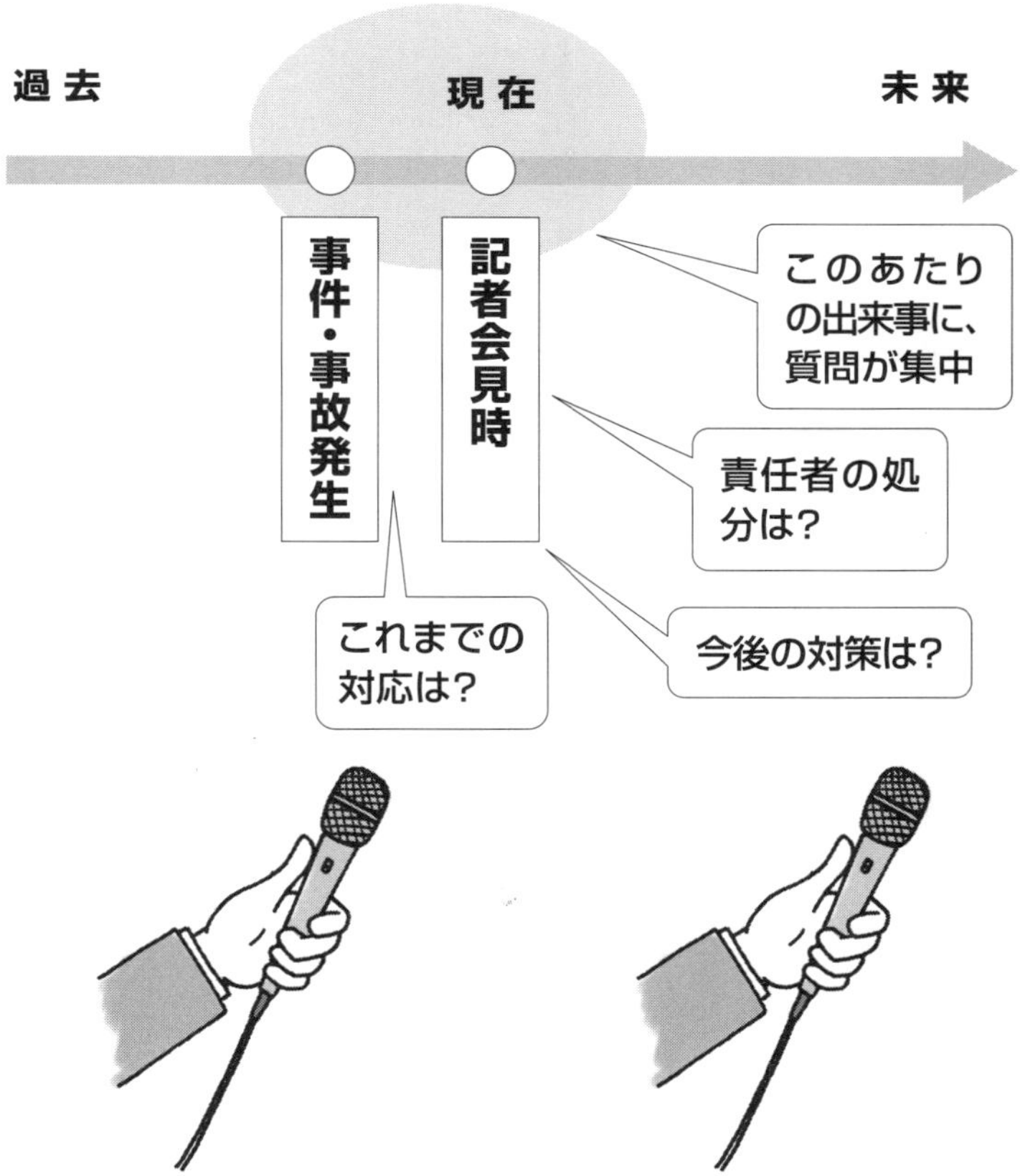

質問が集中するのは「現在」の状況についてです。事件・事故発生時の状況と現在に至るまでの経過、事件・事故の発生の原因に一番関心が集まります。

次にこれまでの対策に問題があったのではないか、過去に同じようなことがあったのではないか、過去の出来事を教訓にしていないのか、と過去にさかのぼり、最後に責任者をどう処分するのか、今後の対策は、と未来区分に入ります。この三つの区分で細かく質問を考えていくと想定しやすくなります（図2－4参照）。

すぐにポジションペーパー（公式見解）を、自社ホームページに掲載する

緊急事態発生時には、**即刻、自社のホームページにポジションペーパー（公式見解）に準拠した内容のコメントを掲載する**べきです。

最初の緊急記者会見と同じタイミングで掲載するのが理想的です。企業で緊急事態が発生した際に企業のホームページに掲載すべきかどうかについて、一般の会社員に意見を聞いたある調査では、八割の人が「三時間以内に掲載すべきだ」と回答し、「掲載がない場合には、悪影響がある」と回答しています。この結果から、一般の人々がホームページを通じた情報提供が

必要であるという認識に立っていることがわかります。

ホームページにコメントを載せない＝誠意のない会社ととられる

ホームページを活用する最大のメリットは、詳細情報をこまめに更新して公表すれば、**電話による問い合わせを減らすことができる**、ということです。また、報道されれば必ずホームページのアクセス数は増えます。そこでどのようなコメントを出すかによって一般社会から良い印象をもたれるかどうかが決まります。

ホームページに何のお詫びコメントもなければ情報開示をしない誠意のない企業という印象が残り、確実にイメージダウンとなります。

最近頻繁に起こる個人情報流出の例を用いて、どのようにすべきか考えてみましょう。

第一段階では、**できるだけ早くお客様にお詫び**をし、調査を開始したことを知らせます。

第二段階では、**調査の経過報告**を行います。

第三段階では、**再発防止に向けてどのような対策を取るのか**を説明し、理解を求めます。

具体的な掲載方法については、図表2－5を参考にしてください。

図表2-5◎ホームページでの掲載例:個人情報流出の場合

①第一段階:謝罪と調査開始のお知らせ

お客様情報漏えいに関するお詫び

○年○月○日

このたび、弊社のお客様情報の一部が社外流出しているとの報道がなされました。

本日「××に関する調査委員会」を設置し、全社を挙げて事実について調査中です。これまでのところ、流出したお客様情報は○○に関するものの一部ということだけ確認できております。現段階では流出のルート・内容・件数など確定に至っておりません。

詳細につきましては判明し次第追ってご報告いたしますので、大変申し訳ありませんが暫くお待ちください。早急に内部調査を進めるとともに、情報管理体制の一層の強化など徹底した再発防止に万全を期す所存です。

お客様に多大なご心配とご迷惑をおかけしましたことを、心よりお詫び申し上げます。

株式会社○○○○　代表取締役○○○○

②第二段階:調査経過報告と責任表明(この場合販売自粛)のお知らせ

お客様情報漏えいに関するお詫びと調査経過のご報告

○年○月○日

今回、弊社のお客様情報が一部流出したことに関しまして、お客様に多大なご心配とご迷惑をおかけしましたことを心よりお詫び申し上げます。

「××に関する調査委員会」にて本日までに確認できました事実関係についてご説明いたします。

・今回流出が判明した個人情報1450件中、調査の結果1445件の情報につきましては弊社の個人情報であることを確認いたしました。
・流出した個人情報は2000年1月～2000年12月までに、弊社で○○についてご契約していただいたお客様の情報の一部であることが確認されました。上記以外の期間に購入いただいた方の情報流出は現在確認されておりません。
・個人情報の流出元に関しては、現在調査中です。一刻も早い解決を目指し社内・社外のすべての可能性を調査し、全容解明に努力いたしております。

調査委員会における本件の調査と同時に、セキュリティ委員会においても情報管理体制の一層の強化など徹底した再発防止策を検討中です。
尚、真相の解明が最優先であるとの認識で全メディアでの販売展開の自粛を決定いたしました。
皆様方に多大なご迷惑をおかけしておりますことを、重ねてお詫び申し上げます。

株式会社○○○○　代表取締役○○○○

図表2-5◎ホームページでの掲載例：個人情報流出の場合

③第三段階：再発防止に向けての対策

顧客情報保護対策と事業再開のお知らせ

○年○月○日

今回、弊社のお客様情報が一部流出したことに関しまして、皆様にはご迷惑とご心配をおかけいたしておりますことを謹んでお詫び申し上げます。

今回の事件につきましては、弊社としては刑事告訴することを決定し、○月○日に○○警察署へ告訴状を提出しました。すでに本格的な捜査に着手している段階となりましたので、内容の公表は今暫くのご猶予を賜りたいと存じます。弊社では継続して必要情報のすべてを警察当局に提供し、真相の解明に多大のご尽力を頂いている状況です。真相解明がなされた時点では、しかるべき形でご報告いたしたく存じます。

弊社では真相の解明が最優先であるとの認識で全メディアでの販売展開を1カ月間自粛し、その間、弊社調査委員会においてできる限りの調査を行ってまいりました。本来ならば全容解明後に事業再開すべきところですが、一方で弊社も企業でありますので、真相の解明がなされていないという状況ながらも、これ以上の自粛は関係各位の皆様に更なる御迷惑をおかけするということもあり、事業の再開に向け歩みださなければなりません。そこで○月○日より、販売事業を再開することを決定いたしました。

情報流出対象のお客様には、状況が確定し次第弊社からお手紙にて経過の説明を含めたご報告を致します。それまでは、DMおよびカタログの送付等々の御案内を控えることといたしました。

事業再開にあたり、私共が現在取り組んでいる顧客情報保護と情報セキュリティ対策実施概況を下記の通りご報告いたします。

【顧客情報保護と情報セキュリティ対策実施概況のご報告】

（以下、セキュリティ対策についての詳細事項）

以上、なにとぞご理解とご高配を賜りますよう伏してお願い申し上げます。

株式会社○○○○　代表取締役○○○○

図表2-6◎緊急時の初動チェックリスト

ポジションペーパーを作成する	❑ 事実として何が起こったか
	❑ 経過はどうなっているか
	❑ 現在の状況はどうなっているか
	❑ 原因は何か
	❑ 対策をどうするか
	❑ 公式見解・謝罪・コメントを決める
マスコミへの発表方法を決める	❑ 緊急記者会見を開く
	❑ 代表取材の設定
	❑ 特定メディアとの個別取材の設定
	❑ プレスリリースを配布、配信する
	❑ プレスリリースをウェブ掲載する
想定問答集を作成する	❑ 現状はポジションペーパーをベースに
	❑ 過去における類似ケースを調べておく
	❑ 責任者の処分など今後の対応を決める
ホームページへの情報掲載をする	❑ 24時間以内に掲載したか
	❑ ポジションペーパーに基づいているか
	❑ トップページに掲載したか

以上が緊急事態が発生した際に「まず最初に行うべきこと」です。図表2−6に、初動チェックリストとしてまとめました。いざという時に、これらを迅速に決定するのは容易ではありません。あらかじめ、チェックリスト項目について方針を決めておき、緊急時に備えておきましょう。

マスコミが殺到したら、情報がなくても「記者会見を○時に行う」と対応

緊急事態発生時にはできるだけ早く情報を公開しなくてはなりません。

なぜなら、当事者から情報が取れないとなると、マスコミは**元従業員や競合他社に独自に接触する**という行動に出るからです。その結果、一つ一つの情報が特ダネになり、かえってセンセーショナルに大きく報道されてしまうのです。そうなると、事実と異なる情報や憶測報道などさまざまな情報が出回り、どんどん情報が混乱していきます。

「とはいっても、発表できる情報が集まるまでは、記者会見などできないではないか」と思う方もいるでしょう。その考え方は今日から改めてください。

マスコミが殺到した時には、情報があってもなくても、トップがいようがいまいが、「何時

に記者会見を行います」と言って対応すべきなのです。情報はない、トップが不在の状況でどう会見するのか、と思う方もいるでしょうが、とにかく現時点でわかっている状況、あるいは明らかでない情報についての説明をすることで、誠意を見せなくてはいけません。

情報は一度きりではなく、「継続して発信」することが大切

「つなぎ情報」として、定期的に会見を行うことやプレスリリースの配信、自社ホームページ上での発表などを、**継続して行うことも大切**です。

どのくらいの頻度で情報提供するかは事態の社会的影響度によって異なります。例えば、平成三年に起きた関西電力美浜発電所の事故では、発生した月だけで記者会見は十八回、社長会見二回、レクチャーは三十四回行っています。数百名の死亡者を出した日航機墜落事故では、事故発生当時一時間おきに会見が行われていました。

緊急時に「リーク（情報漏えい）」は厳禁！

特定メディアにのみ情報を提供する「リーク（情報漏えい）」という手法は日常茶飯事のメディア戦略として行われていますが、**緊急時には厳禁**です。

平時にリークをするのは、「重要メディアに大きく取り上げてもらうこと」を目的としています。ところが、今は緊急時です。公平な対応が原則です。

場所の問題で、取材者の人数制限が必要な場合には、「代表取材」という手もあります。また、自社に対して批判的なメディアに情報を提供しない、あるいは記者会見で締め出しをすることは基本的には行わないほうがよいでしょう。出入り禁止を申し渡せるのは、別件で抗議中であるといった場合です。

また、**緊急時には、電話取材は原則として対応しないこと**。記者会見に来てもらうようにしましょう。電話対応は相手の顔が見えず、誤解を生みやすいのと、個別対応にならざるを得ないからです。記者の取材に対する基本姿勢は、「現場に行くこと」ですので、面談を希望したからといって不満に思う記者はまずいないと考えてよいでしょう。むしろ、**現場に来ない怠慢**

な記者には、情報を提供する必要はないのです。

最初に駆けつける記者は、市民の代表である「社会部」の記者

緊急事態発生時に最初に駆けつけるのは、新聞社の場合は社会部の記者になります。

企業の場合、普段は新聞社の産業部や経済部の記者とつき合うことが多いので、この点を見逃しがちです。**経済部や産業部の記者と社会部記者の関心事は異なります**し、背後にいる読者が異なります。経済部や産業部の記者であれば、株主や取引先が読者になるため、事件・事故による損害額、取引先にもたらす影響、市場への影響などが関心事になります。一方、社会部は、一般市民、消費者、地域住民が読者になるため、市民生活への影響、被害者への謝罪や補償などに関心が集まります。

記者の性質も異なります。経済部の記者や経済紙、産業紙の記者は通常から企業の人と接しているため、企業側の考え方を理解してくれる傾向はありますが、社会部の記者は市民の視点で質問を投げてくるので、容赦がありません。記者会見を設定した場合にどこに所属する記者たちが集まってきているのかを把握すると、事前の心構えもできます。個別対応の際にも、**記**

者の所属部署を必ず確認しましょう。

緊急時の記者の関心は、どこに向けられるか

緊急時のマスコミは、**説明責任（アカウンタビリティ＝情報開示責任）を徹底的に追及**します。経済部と社会部記者の関心事は異なると書きましたが、**この点だけは同じ**です。必ず質問してくる内容は次のようになります。

社会部記者の質問例……企業行動に関する質問

①事実として、何が起こったのか
②発生後、どのように経過し、現在はどうなっているのか
③トップはいつ、どこで知ったのか
④その時最初に出した指示は何か
⑤なぜ起きたのか
⑥過去に類似事故（事件）はなかったか

⑦この事態をどう思っているのか
⑧今後の対策は何か
⑨責任者は誰なのか
⑩責任をどのようにとるのか

経済部記者の質問例……企業の経済活動に関する質問

①事実として、何が起ったのか
②発生後、どのように経過し、現在はどうなっているのか
③操業停止（営業停止）期間はどのくらいか
④直接的な損害額はいくらか、
⑤間接的な損害額はいくらか
⑥株価への影響はどの程度か
⑦今期の売り上げにはどの程度の影響が出ると予測しているか
⑧取引先への影響はどの程度か
⑨業界全体にはどのような影響が出るのか

所属する部署によって記者の関心事が異なることがおわかりいただけましたでしょうか。**社会部は企業行動に関心を持ち、経済部は企業の経済活動への情報公開を求める**のです。

トラブル回避のため、必ず会社側で映像を記録しておく

火災事故など報道関係者が欲しがる映像については、会社の撮影チームが収録して報道関係者に渡せば、**立ち入り禁止区域への乱入を阻止することができます**。

特にテレビクルー（撮影部隊）の場合、彼らの使命はとにかく映像素材を入手することであり、映像を撮るためならどのような苦労も惜しまないため、時に無茶な行動に出てしまうこともあります。無謀な行動を起こす報道関係者がいた場合には、その人たちを撮影して、抗議するという使い方もできます。

記者会見の収録ビデオは、一方的な報道をされた場合に、自社のホームページで動画配信することで**偏向報道によって生じた誤解を解くこともできます**ので、**自社のカメラクルーは必須**です。家庭用ビデオカメラでよいので、必ずビデオカメラを用意し、自社スタッフがカメラを回せるようにしておきましょう。

社員が突然記者に囲まれたら……

マスコミが狙うのはトップだけではありません。社員や取引先でも情報収集を行います。

通勤途中で社員への取材があった場合には、どのようにすればよいでしょうか。まず、いたずらに逃げず、落ち着いて対応することが基本です。不祥事、事故、事件が未確認である場合には、**公式なマスコミ対応窓口を知らせます**。

会社に責任があることが明確である場合には、社員一人一人が反省の態度を示すことが大切です。謝罪の言葉、後悔の言葉、償いの言葉を社員一人一人が心から発することができればマスコミを感動させることができます。そのためには、社員には必ず会社としての公式見解文書を渡し、**会社の公式見解を共有**し、その見解に沿った対応をするよう指示しておくことが必要です。

絶対してはいけないことは、推測や未確認事項を述べることです。また、しつこい取材に対しては、感情的にならず、落ち着いた態度で、マスコミ対応窓口を教えましょう。

記者を怒らせるNGワード

緊急事態発生時のコメントについては、マスコミや世論は非常に神経質に反応します。普段は許されるような言葉が、緊急時ではひんしゅくを買う言葉になってしまうことがあるので注意しましょう。

ここでは、絶対言ってはいけないNGワードを挙げておきます。もちろん、使い方によってはNGワードにならないこともあります。多くの場合、次のNGワードを言った途端に、**マスコミと世論は敵に回ってしまう**と考えてください。

1 知らなかった、部下がやった

トップが知らないことはよくあることです。しかしたとえ事実であっても、この言葉を最初に使うと、責任逃れのように聞こえてしまうのです。「知らなかった」と言いたいところをぐっと我慢して、**「監督が行き届きませんでした」**と言いましょう。あるいは**「私が知ったのは○○です。すぐに私の耳に入るような社内体制を築いてこなかったことに責任を感じます」**とするとよいでしょう。

2 法的には問題がない、法律は守っている

記者会見場は裁判所ではありません。マスコミや世論が求めているのは、法律を守っていたかどうか、ではありません。**法律を守っているのは当たり前**の話です。

むしろ、企業として事件・事故を防ぐために、**どれだけ事前の努力をしていたのか**、ということが聞きたいのです。

ある意味で法律というのは、「社会規範を保つための最低基準」を示しているにすぎないのではないでしょうか。企業に求められているのは、**法律で定められている以上の、自発的な努力**です。

では「法律を守っていなかったのではないか」と言われた場合には、どうしたらよいでしょう。

「**法律は守っておりましたが、企業は法律を守っていればよいというものではないと考えております。法律で定められている以上の厳しい自己基準を作って安全対策に努めるべきです。我々もそのように考えて万全の対策を立ててきたつもりでしたが、残念ながら今回の事故を引き起こしてしまいました。社会的責任を痛感いたします。原因を徹底的に究明し、二度と事故**

が起きないよう全力を尽くします」としてはどうでしょうか。

3 みんなやっている

業界の慣例として行っていたことを最初に摘発された場合には、ついこの言葉を発したくなるでしょう。とはいえ、**「みんなやっていることなのに、なぜ自分だけが責められるのか」などという言い方は絶対にしてはいけません。**

企業ではありませんが、辻本清美元議員が秘書給与流用疑惑で報道された時に、この言葉を発し、世論の反発を招きました。**業界全体の問題であっても、まずは自分自身の行いを反省すべき**です。たとえ誘導尋問されても「私は自分の行いを反省し、恥じております。たとえ業界全体の慣例であったとしても、それを告発するのではなく、それに染まる道を選んでしまった勇気のなさを恥じ、心から反省しています」と、心からの反省を述べる言葉が自然に出るよう、意識改革をしましょう。

4 たいしたことではない

小泉首相が公約違反を民主党の管直人前代表に追及された際にこの言葉を発してしまいました。

あんなにマスコミ慣れしている首相なのに、NGワードを言ってしまったので驚きました。それほど**ついうっかり出てしまう言葉**だということです。この言葉は、責任をぐいぐい追及された時に口に出てしまいます。

「これだけの事故を起こしたのだから、即刻全面操業停止にすべきだ」「全品回収すべきだ」という言葉に対し、「たいしたことではない」「それほど健康に影響はない」「全面操業停止にするほどのたいした事故ではない」と言ってしまうのです。

このような場合には、正面突破を考えてはいけません。**相手が「たいしたことがない」と感じられるような基準を示すこと**です。「全面操業停止にする基準としては、△△があります。今回はこの基準にはあてはまりません。しかしながら、自社だけの判断では偏りがあるといけませんから、外部の専門家にもよく相談して決定いたします。外部専門家による発表は○○頃予定しております」とするのがよいのではないでしょうか。

ここの回答は会社の置かれている立場やケースによって大分異なります。本当にたいしたことがない事故であっても、自分たちではなく、**外部の人間にそのことを説明してもらえば説得力があります**。

以上が、緊急時のマスコミ対応で「注意しなければいけないこと」です。図表2-7に、注意事項のチェックリストがありますので、必ず確認するようにしましょう。

図表2-7◎緊急時のマスコミ対応・注意事項チェックリスト

- ❏ 社長がどこで何時に知ったか、最初の指示等について記録しているか
- ❏ 情報は早め早めに出しているか
- ❏ 被害者は誰かを、まず認識しているか
- ❏ 不利な情報でも、積極的に開示しているか
- ❏ 人命にかかわる情報は早く発表して、二次災害を防止しているか
- ❏ テロや誘拐の場合には、名前の公表は危険だと認識しているか
- ❏ 公正な情報提供をしているか
- ❏ 一部メディアだけに情報提供していないか
- ❏ 社内記録班を結成し、ビデオ、写真、メモで詳細に記録しているか
- ❏ マスコミに提供できるビジュアル素材を用意しているか
- ❏ 社員に対し、マスコミ対応方法をアナウンスしているか
- ❏ 緊急時のNGワードを使っていないか
  - ×知らなかった
  - ×部下がやった
  - ×法的には問題ない
  - ×法律は守っている
  - ×みんなやっている
  - ×たいしたことではない

緊急記者会見の開き方

1 どのような場合に緊急記者会見を開くのか

第一に**社会的な影響が大きい**場合、次に**命にかかわる問題や公共の利益にかかわる問題**が生じた時には、緊急に記者会見をしなければなりません。

不祥事の際でも、緊急記者会見を開くことで謝罪の気持ちを伝えることができます。不良品の回収の場合も広告では、すぐにスペースが取れないので、一刻も早く消費者に告知をしたい場合には、新聞やテレビの力を借りてアナウンスするほうがよい場合があります。

謝罪の気持ちを伝えたい場合には、社告（企業が、新聞やホームページなどで一般に向けて出す通知）ではなく、記者会見で気持ちを直接伝えるほうがイメージアップにつながります。

非常に社会的影響力の大きい災害などの事故の際には、一時間おきに記者会見を開くなどして、**頻繁に記者への情報提供を心がけます**。緊急記者会見をしなければならない場合は次の通りです。

・事故や事件により死亡や負傷者が出た時
・社長や役員が逮捕された時
・公害・環境汚染の噂・心配の声が広がってきた時
・住民運動、消費者運動が目立ってきた時
・欠陥商品・製造物責任が生じた時
・メディアからの問い合わせが殺到して対応に限界がある場合

2 緊急記者会見準備のためのチェックリスト

緊急記者会見をしなければならないとなったら、すぐに準備をしなければなりません。準備する際の注意事項は次の通りです。

❏会見の時間はできるだけ早く

人命にかかわる**大事故の場合には二時間以内**に行いましょう。

❏会場は、自分たちでコントロールできる場所とする

必ずしも本社や記者クラブで行う必要はありません。情報が入りやすいように、**現場の近くの安全な場所**にします。また、本社と工場など**二カ所以上で行うことは絶対に避けましょう。**情報が分散し混乱を招きます。必ず一カ所で行います。

❏緊急記者会見案内状の作成と配信

主要メディアに緊急記者会見を行うことを知らせます。**深夜になったとしても、すぐ出す**のが基本です。

❏会場のレイアウトは「ぶら下がり」を防げるように設定する

記者出入口と、関係者出入口を別にします。「ぶら下がり」を防ぐためです。「ぶら下がり」とは、**記者が群がって質問攻勢すること**です（図表2－8参照）。

❏適切なスポークスパーソンを決める

現場の状況を説明できる人と最高責任者が基本になります。最高責任者が不在の場合には、副社長や担当取締役が行います。社長不在の場合には、社長が戻り次第、再度記者会見を設置します。何はともあれ、**社長が一度は会見をしないと収まらない**と思ってください。

図表2-8◎TVのニュースなどで見かける「ぶら下がり」

❏ **報道資料の準備をする**

マスコミ向けポジションペーパーやステートメント、会社概要、設備概要、安全基準説明書などを準備します。想定質問を考える中で必要なものが明確になってきますので、記者の関心に応えられる資料を準備します。

❏ **メッセージを準備する**

用意された文書だけなく、**自分の言葉で語れる**メッセージを用意します。文書を読み上げるだけだと、誠意がない、反省がない、と思われるからです。

❏ **想定問答集の作成**

記者からの質問を想定することは心の準備になります。ただし、**会場では見ることはできない**と思ってください。見るのは、名前や数字の事実確認の部分だけです。サポートスタッフが使用し、メモを渡す際の材料として使用したほうがよいでしょう。

❏ **直前ディスカッションで論理性をチェック**

想定問答集をベースに直前にディスカッションしておきましょう。論理的な矛盾が露呈しないようにするためです。

3 緊急記者会見の会場を設営する

記者会見の会場を設営する際には、レイアウト決めが重要です。マスコミの動きを想定しながら慎重に練ります。**レイアウトを失敗すると、会見そのものが失敗**してしまい、時には大混乱を引き起こしてしまいます。レイアウトを決める際の注意事項を、ひとつずつ見てみましょう（図表2－9参照）。

◎──ドアが「二カ所」以上ある場所で行う

記者と記者会見を行う人（スポークスパーソン）の出入口を別にすることで、ぶら下がりを防ぐ効果があります（ぶら下がりについては前出）。ドアが一カ所しかないと、ドアを塞がれて身動きがとれなくなってしまいます。**スポークスパーソンの出入口は、つい立などを立てて記者から見えないようにする**配慮も必要です。

◎――スポークスパーソンのテーブルと記者のテーブルを離す

新聞カメラマンが、自由に撮影できるよう、前方にスペースを作ります。できるだけ記者側のストレスを排除するためです。**記者席を離すことで一定の距離ができる**ため、圧迫感を和らげる効果もあります。

◎――記者席の「最後尾」にテレビカメラ用のスペースを作る

テレビカメラ用のスペースがないと、カメラはあちこちに散らばって好き勝手な映像を撮ってしまいます。カメラマンは記者よりもずっと荒っぽいので、撮れないとなると「そこどいて、じゃまだよ！　撮れねえじゃないか！　ボヤボヤすんな！」と叫び出します。

時にはカメラマン同士が場所取りで口論してしまうことさえあるのです。ただ、カメラマンには必ず仕切り役がいますので、口論の仲裁に入る必要はありません。マスコミに対しては、取材がしやすいような**配慮をしていることを示す**ことだけは、心がけましょう。

◎――スポークスパーソンの後ろに、スペースを作らない

カメラマンに**スポークスパーソンのメモを撮影させないようにするために**、スポークスパー

図表2-9◎記者会見の会場レイアウト例

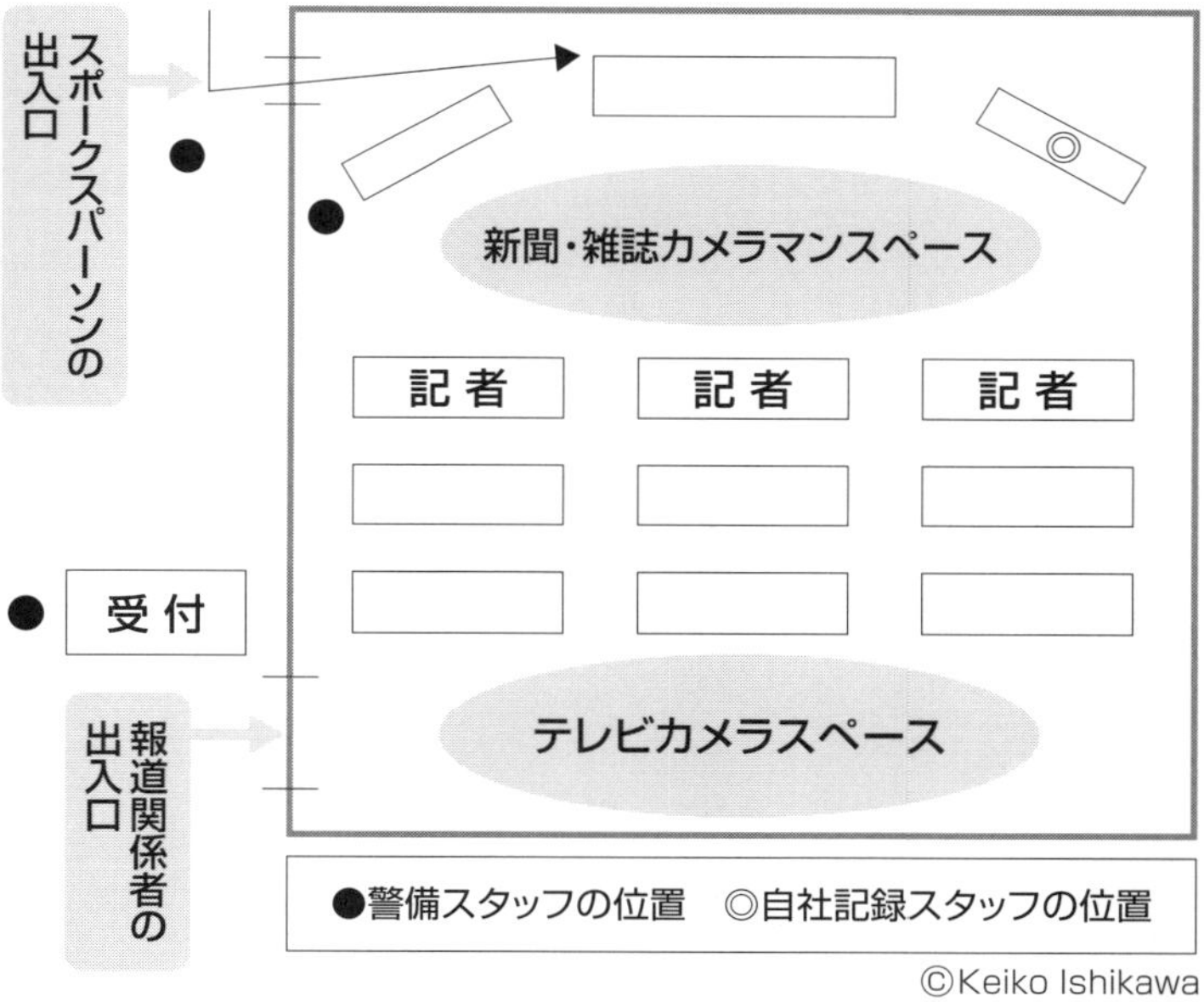

©Keiko Ishikawa

ソンの後ろには、スペースを作らないようにします。

カメラマンはスペースがあるところにはどんどん入っていくため、**入ってもらっては困るような場所には、スペースを作らない**ようにする必要があります。

◎——**受付は外に設置する**

プレス以外の人が紛れ込む場合があります。そのような場合には、受付でもめることがあるため、**受付は室外に設置**し、プレス以外の人が中に入れないようにします。

◎——**スタッフの配置チェック**

スポークスパーソン以外に、**司会進行役、記録係（ビデオ、写真、メモ）、スポークスパーソン護衛係**を決めておきます。

護衛係はスポークスパーソンの会場への出入りをスムーズに行えるようにサポートします。「ぶら下がり」を防ぐ役目も兼ねます。

4 緊急記者会見の進行

緊急記者会見の進行のポイントは、**誰をスポークスパーソン（発表者）にするか、時間配分**

をどうするか、の二点です。

社長はスポークスパーソンの一人として前面には出なければなりませんが、**詳細説明は現場担当者が行ったほうがよい**でしょう。また、現場担当者が十分担当できない場合には、**広報担当者が一通りの説明を行って、補足説明を現場担当者が行う**という形でもよいでしょう。

いずれにせよ、どのような順番で何を説明していくべきか、記者が理解できるビジュアル素材はないか、映像、写真は何を使うかを考えて進行内容を考える必要があります。さらに、細かい配慮のポイントを挙げました。

・加盟記者クラブ、取材要請のあったメディアに、電話やＦＡＸで会見日時と場所を知らせる
・スポークスパーソンの着席は、開始時間に合わせる。**早すぎても遅すぎてもいけない**
・**前に出たら、一礼**する。この時スポークスパーソンが複数の場合には、頭の位置をそろえる。頭の下がり方やタイミングが異なると、非常にみっともない
・用意したステートメントを読み上げる。あるいは、自分の言葉で述べる。この最初のところは非常に緊張するシーンである。自分の言葉でコメントするのが一番よいが、**緊張している場合には、ステートメントを読み上げる**ことで落ち着きを保ち、その間に自分のペースを作る

・**一時間程度で終了してよい**。あまりも短いと誠意がないと受け止められ、翌日の新聞には「会見たったの一〇分」などと書かれる

・**質問が途切れたら、終了**のきっかけとする

・質問が途切れず、スポークスパーソンの対応が限界にきていると判断した場合には、「**事故処理のため、いったん会見を終了いたします。ご質問のある方は質問のみ受け付けます。回答は次回の会見時間にできるようにいたします。次回は○時になります**」と説明を加えて次回に持ち越せば大きな混乱は起こらない。会見の予定がない場合には、今後の経緯説明をどのように行うのかを知らせる

・終了後、スポークスパーソンは**ただちに会場を後にする**。ぶら下がりをさせない

図表2－10のチェックリストを使って、抜けや漏れがないか確認しましょう。

5 緊急記者会見で「しなければいけない」こと

緊急記者会見でしなければならないことは、次の五つです。

❏ **事実の説明：**何が起きたのか、事実を説明する

❏ **経過と現状：**対策本部設置について説明する

図表2-10◎緊急記者会見・チェックリスト例

項目	詳細	注意事項
会見内	□場所	○○会議室
	□日時	
	□スポークスパーソン	社長と現場責任者
記者へのアナウンス	□会見お知らせ文	簡潔に
	□メディアリストのチェック	主要メディアのみとする
	□配信（FAXなど）	開始の2時間前までに配布、配信
会場準備	□会場下見	ぶら下がりをさせないための、出口確保
	□会場レイアウト	カメラポジションの確認
	□直前打ち合わせ	禁句事項の確認、服装チェックなど
メイン会場機材	□演台、机	
	□司会マイク	
	□スポークスパーソン用マイク	会場が小さい部屋の場合でも用意する。話が聞こえないと記者はいら立つ
	□質問受付用マイク	
	□ビデオデッキ、パソコン	事故の場合は、映像やビジュアルで状況説明する
	□プロジェクター	
	□スクリーン	
発表者手元	□ポジションペーパー	
	□関連資料	
	□ステートメント	メモもしくは発表者の「頭の中」に用意する
	□飲み物	必ず「水」を用意する。答えにくい質問が出た時に役立つ
スタッフ配置	□司会	
	□発表者サポート	メモ渡し、資料集めなど
	□記録・ビデオ撮影	発表者だけでなく、記者も撮影する
	□記録・デジカメ撮影	内部外部の気になった行動は、すべて撮影する
	□記録・メモ	質問と回答はすべてメモし、問題点も記載
	□報道席相づち係	相づちを打つことで、発表者をサポートする
	□受付	
	□会場内誘導	
	□出入口警備	マスコミ関係者入口と、スポークスパーソン出入口に配置
会場案内図	□建物入口	各場所に担当者、あるいは警備員
	□エレベーター前	
	□会場入口	マスコミ関係者以外入れない
受付	□受付机	
	□受付表示	「報道関係者受付」
	□名刺受け	
	□芳名録	
記者配布物	□ポジションペーパー	
	□関連資料	事故の場所地図、製造物リスト、製品内容など
	□会社概要	会社基礎情報がわかるもの、パンフレットなど
	□ビジュアル素材（画面写真等）	安全管理システム紹介ビデオ、製品製造過程ビデオ、写真など
	□飲み物	なくてもよい。戦略次第

❏原因：確定した原因、あるいは推定できる原因について説明する。究明中である場合には、どのような体制で調査しているのかを説明する
❏再発防止策：制度の制定、管理委員会の設置など具体的な防止策を打ち出す
❏責任表明：トップの引責、責任者への厳しい処罰、被害者への賠償等世論が納得する内容で責任表明をする

これらのことは、すでに作成してあるポジションペーパーに記載されていることですので、内容に説得力を持たせるために、**さらに資料などを使って詳しく説明する**とよいでしょう。

この時、**ビジュアル素材を用意しておくとよい**でしょう。事故の場合には、地図を使用すると場所が明確にわかります。製品トラブルの場合には、実際にトラブルのあった製品を用意し、中身や成分の説明などを行います。

できるだけ言葉による説明だけでなく、必ず視覚でも納得できるような写真や絵を準備するようにしましょう。ビデオなど映像資料もあれば、なおよいでしょう。

肝心なのは、**とにかく一生懸命に説明すること**です。日本人はただひたすら謝るということをしがちですが、**重要なのは「なぜ起きたのか？　どのように起きたのか？」という「事実」**であり、記者会見はその情報を提供する場所であることを、忘れてはいけません。

◎――最初の言葉に注意。「集まってくれて、ありがとう」は筋違い

通常の記者会見で冒頭に述べる決まり文句**「本日はお忙しい中お集まりくださいましてありがとうございます」はやめましょう。**

記者は問題のある企業について報道する使命に燃えて、その会見に集まっているのです。そのため、この言葉は必要ありませんし、むしろあってはならないのです。

辻本元議員が議員辞職を表明する会見で、開口一番「みなさん、本日はこのように集まってくださって、ありがとうございます」と口走ってしまいました。この時は、辻本氏の二転三転するコメントに疑惑が高まっていました。当時のマスコミは辻元氏に好意を寄せて集まったのではなく、むしろ糾弾する姿勢で会見に臨んでいたのですから、「集まってくださってありがとう」というのは筋違いです。テレビを見ている一般視聴者も違和感を持った人は多いのではないでしょうか。通常の記者会見での癖が出てしまった悪い例と言えます。

この時彼女が最初に発すべき言葉は「**私の至らなさから言っていることが二転三転してしまい、みなさんを混乱させてしまいました。ご迷惑をおかけして申し訳ありませんでした**」とすべきでした。

6 緊急記者会見で「してはいけない」こと

緊急記者会見でしてはいけないことは、通常の会見と同じく、**最初に「会見は十五分です」と言ってしまうこと**です。

通常では時間で区切っても問題はないのですが、緊急時においてこの言葉を発してしまうと、**会見を軽視する印象を与えてしまいます**。平時と異なり、できるだけ早く終えたいのが緊急会見ですが、説明時間を長くして、こちら側のペースを作ってしまいましょう。

◎──「私たちは被害者です」では、反省していない、責任回避の態度ととられる

また、**自己弁護に終始しない**ようにします。最初に自己弁護の言葉を発すると、反省の態度が感じられない、責任回避と受け止められてしまうからです。

顧客情報漏えい事件などの場合には、企業は被害者という側面もありますが、そこでいきなり「私たちは被害者です」と切り出してしまうのはみっともないことです。

まずは、「**最初に、今回の顧客情報の流出についてお客様にご心配とご迷惑をおかけしましたことをお詫びいたします**」と切り出し、最後に「弊社も被害者として刑事告訴も考えております」としましょう。

責任追及の質問があった場合には、**まず責任を痛感する姿勢を見せ、補足説明はその後に行います**。疑惑報道などの場合には、誤解や疑惑を解くために丁寧に説明をしなければなりません。落ち着いて説明する方法については後ほどテクニック編で説明します。

7 相手に伝わる、謝罪の仕方

ワンマン社長に多いのが、謝罪下手です。

社内では、叱られて謝罪するといったことが全くないからではないでしょうか。どんなに謝罪の気持ちがあっても相手に伝わらなければ意味がありません。では、具体的にどうすれば謝罪の気持ちを伝えることができるか考えてみましょう。

◎──「謝罪の言葉は具体的に。「お騒がせして」「遺憾である」は謝罪ではない

「すみません、申し訳ありません」を、連呼してもマスコミは納得しません。**何を詫びているのかわからなければ、全く伝わらない**のです。必ず「**○○についてご迷惑、ご心配をおかけして**」と具体的に表現しましょう。「お騒がせして」という表現を使う人がいますが、この言葉は謝罪の言葉ではありません。「警察沙汰にならなかったら別に構わないのか」という印象を受けてしまうからです。

同様に、「遺憾である」という言葉もありますが、この言葉も謝罪の言葉ではありません。辞書によると「思い通りにいかず心残りなこと。残念」となり、**自らを被害者に仕立てているような印象を与えてしまいます**。外に向けて発信する謝罪の言葉ではないので使い方に注意しましょう。

◎——世論を意識した謝罪と、心からの反省の気持ちを伝える

言葉の選び方を間違えると、**マスコミや世論から「反省がない」と批判される**ことになります。通り一遍の言葉しか思いつかない場合、どのような言葉を使ってよいか迷った場合には、**寄せられた言葉を引用する**という方法があります。

毎日新聞報道カメラマンのアンマン空港爆破事件の記者会見で、社長は、「記者の軽率な行動が原因とみられ、亡くなられた方に哀悼の意を表すとともに、ご迷惑をかけた関係者に心からお詫びします」「戦場で報道にあたる記者としてあってはならない判断ミスと気の緩みとのお叱りを社としてきわめて重く受け止めています。社としての責任を痛感しており、責任の所在を明確にいたします」と、寄せられた言葉を引用することで世論を意識した謝罪と反省の気持ちを伝えています。

図表2－11のチェックリストを再度確認しましょう。

図表2-11◎緊急記者会見中のスポークスパーソン注意事項

外見的な注意	□ 自分の言葉で、お詫びしているか（メモを見ながらしていないか）
	□ 頭を下げるタイミングは、全員そろっているか
	□ 手は横につけているか（机に寄りかかっていないか）
	□ 頭を下げて、3秒以上静止しているか
	□ 背筋を伸ばして、頭を下げているか
	□ 答えられない質問があった際に、薄笑いをしてごまかしていないか
	□ 出歯は矯正してあるか（出歯は笑っているように見えてしまう）
	□ 口元は引き締まっているか
	□ スーツはダークスーツにしているか
	□ スーツのボタンは1つ掛けているか
	□ ワイシャツは白
	□ ネクタイは派手な色・柄を避けているか
表現	□ 早口で話していないか
	□ ゆっくりと、一言ひとこと、言葉を選びながら話しているか
	□ 誰に対して、何に対して詫びているのかが、明確になっているか
	□ ただ意味もなく「すみません」を連発していないか
コメント内容	□ 起こった事件・事故・事実について、時系列で説明しているか
	□ 専門用語を使っていないか
	□ 事故（事件）発生からの経緯を、図などを使って冷静に説明しているか
	□ 事件後から現在までの経緯を説明しているか
	□ 原因について、「わからない」ばかりを連発していないか
	□ 原因について調査中であっても、推定できることについて説明できるか
	□ 憶測表現をしていないか
	□ 調査中の場合にはいつ頃発表できるようにするか、予定を言えるか
	□ 今後の対策についての、方針を述べているか
	□ 関係者の処分、トップの責任の取り方まで言及しているか
	□ 「緊急時のNGワード」を使っていないか ×知らなかった ×部下がやった ×法的には問題ない ×法律は守っている ×みんなやっている ×たいしたことではない
終了時	□ 会場を立ち去る前に、再度ゆっくり丁寧に一礼したか
	□ 会見終了後、ただちに会場を去ったか

◎――頭を下げる時の、頭と手の位置に神経を使う

謝罪にはまず気持ちが大切ですが、**形を軽視すると、謝罪の気持ちが伝わりません**。どのような形にすると一番気持ちが伝わるかを考えておく必要があります。

謝罪の気持ちを伝える形はしっかり身につけましょう。謝罪で頭を下げる場合には、頭と手の位置に神経を使います。

手は横につけ、背筋を伸ばしたまま頭をしっかりと下げ、三秒は静止します。この時手を机にのせて体重をかけながら頭を下げる方が時々いますが、体重をかけてはいけません。自分の体で全身をしっかり支えてください。意外と見逃しがちなのはスーツのボタンです。ボタンをかけていないとネクタイが下がってしまいます。数名で頭を下げる際には、トップの位置とタイミングに合わせましょう。謝罪会見では必ず謝罪している一枚の写真が新聞を通じて広く人々の目に触れ、記録として残ります。カメラマンは真正面からよりも横から撮影しますので、横からの目線を意識しましょう（図表2－12参照）。

図表2-12◎カメラマンの目線

8　司会者の注意事項

記者会見では司会の仕切りが大変重要です。緊急時には人手が足りなく、会見出席者自らが仕切らなければならないこともあると思いますので、注意事項をまとめました。

❏時間通りに開始する（遅れる場合にはアナウンス）
❏報道陣とスポークスマンの様子を冷静に観察して記録する
❏スポークスマンの言葉が足りない場合には追加説明する
❏質問者に媒体名と名前を名乗るようにアナウンスする
❏敵対的な質問をした記者を記憶して、会見後フォローする
❏次回の記者会見の日時をアナウンスして切り上げる

まとめ

緊急時のマスコミ対応

- トップへの情報伝達は迅速に。記者が必ず聞くのは「社長はいつ・どこで事実を知ったのか?」
- ①事実、②経過、③原因、④対策を記した「ポジションペーパー（公式見解）」を作成し、自社ホームページに掲載する
- マスコミへの発表方法は「すぐに」決める。個別対応はタブーで、「リーク」は厳禁!
- マスコミが殺到したら、情報がなくても「記者会見を○時に行う」と対応し、継続して発信する。緊急時は「説明責任（アカウンタビリティ）」を、徹底的に追及される
- 記者を怒らせるNGワード①「知らなかった」②「法的に問題がない」③「みんなやっている」④「たいしたことではない」
- 社会的な影響が大きい時などには、緊急記者会見を事故発生「二時間以内」に開く
- 緊急急記者会見の会場設営や進行の注意は、図やチェックリストを参考に行う
- 謝罪の言葉は具体的に。「お騒がせして」「遺憾である」は謝罪ではない。
- 頭を下げる時の、頭と手の位置に神経を使う

第3章

マスコミ対応・テクニック編

「基本のマスコミ対応」と「緊急時のマスコミ対応」では、トップ・現場・広報の三者がコミュニケーションを密にして、会社全体でマスコミ対応に取り組む方法について説明してきました。本章では、実際にメディアに接する際の、細かいテクニックについて説明したいと思います。個人（取材を受ける側であるトップ）の表現力を高めて、自分の意図することを記者に伝えるために役立つ、実践的なノウハウです。

外見インパクトは五五%、声の調子は三八%、言葉は七%

相手に自分の言いたいことを伝える時には何が一番大切だと思いますか？　人間には幸いにも言語でコミュニケーションできるという能力がありますが、正確に言葉を使ってもなかなか相手に思うように気持ちが伝わらないな、と感じることは多いのではないでしょうか。

それもそのはずで、心理学の世界では、外見や声の調子のほうが相手に対するメッセージ力があるというのは常識になっているのです。**メッセージ力の正確な数値は、外見が五五%、声の調子が三八%、言葉が七%**です。これは、一九六七年にカリフォルニア大学ロサンゼルス校の心理学者・アルバート・メラビアン氏がコミュニケーションに関する研究を行った結果です。

外見というのは顔とは限りません。態度、姿勢、視線、表情、ゼスチャー、服装のすべてを含みます。それにしても、言葉によるメッセージ力がたったの七%という結果に驚いている方が多いのではないでしょうか。試しに、鏡の前で、眉間に皺を寄せながら、太くつっけんどんな声の調子で「これを召し上がってください」と言ってみましょう。とてもじゃないけれど、相手を気持ちよく食べる気にはさせないことがよくわかるでしょう。では、具体的にどのようにすればメッセージを相手に伝えることができるのか一つずつ見ていきましょう。

1 記者から好感を持たれると、失言もフォローしてもらえる

自分は人から好感を持たれているのだろうか、周囲の人間は自分をどのように見ているのだろうか、と考えてみたことがありますか？　仕事の忙しさや日常生活に追われて、自分の姿や態度が見えなくなっているな、と感じる人は、経営者仲間、部下、上司、同僚、奥さん、子供、友人から自分がどう見えるのかを気にしてみてください。

なぜ好感を持たれることが必要かというと、ちょっとした失言でも許されたり、言葉が足りなくても言外の意味を汲み取って、良いように理解してくれるからです。特に記者たちから好かれると、プラスイメージで報道記事を書いてくれる、記者からも情報を得ることができる、といった確実な**経営面でのメリットがあります。記者たちから好かれることは、情報戦略の一**

環なのです。

では、**好感を持たれる態度の基本五項目、〈表情〉〈態度〉〈姿勢〉〈服装〉〈ヘアメイク〉**をここでしっかりと押さえましょう。

1．表情

表情は、真剣で明るいまなざしにします。**口は引き締めて、歯を見せないようにします**。会った途端に白い歯というのは、ちょっと経営者としては軽すぎるからです。

2．態度

息を深くして落ち着いた態度にします。**動作をゆっくりとすると、落ち着いて見えます**。

3．姿勢

背筋を伸ばし、正しい姿勢にします。

4．服装

その場にふさわしい、清潔感のある服装にします。どんなに急なインタビューでも、**清潔感**

の演出だけは心がけます。

5. ヘアメイク

服装と同じく清潔感がポイントです。**顔をしっかり見せると、清潔感は演出できます。**女性の場合は、その場にふさわしいメイクをしましょう。

2 「良い姿勢」は、自信に溢れているように見える

姿勢が良いと、どれだけ得をするかご存じでしょうか。背筋をまっすぐ伸ばしているだけで、**堂々として見えるため、第一印象がとても良くなります。**

反対に背中が丸まっていると、自信がないように見えてしまいます。それだけではなく、信用できない、明快でない、嘘をついているのでは、といった感情を相手に抱かせてしまいます（図表3－1参照）。

では、正しい姿勢とは、どのような状態のことなのでしょうか。実際にポーズをとってみましょう。

男性の場合、足を肩幅くらい（二十～三十センチ）の位置で、自然に開きます。女性はかかとを閉じるか、少し前後にずらします。

図表3-1◎良い姿勢を横から見たら……

良い例

・背筋が伸びている
・アゴ引き、首もまっすぐ

悪い例

・背中が丸まっている
・首が前に出ている

かかとはしっかり床につけ、上下・左右に動かさないようにしましょう。お腹は引っ込め、アゴを引いて胸を張り、背筋を伸ばします。肩と手の力は抜いて力まないようにします。手の位置ですが、立っている場合は自然にたらします。**座っている場合には前に軽く重ねます**。手や指は不必要に動かさず、無駄な遊びをなくします。

肩を一度上にあげて下ろし、胸を張って、お腹を引っ込める。このプロセスを繰り返すことで、誰でも確実に姿勢は良くなります。

3 好感を持たれるアクション

私は十年間、映像演出の現場に立ってきました。その後、日本人経営者だけでなく、海外の経営者、ゲームクリエイター、俳優、映画監督、スーパーモデルなどさまざまな人たちの、マスコミ取材をセッティングしてきました。その経験に基づいて「記者から好感を持たれるアクション」の基本項目を次のように整理してみました。

◎──自分から、記者の名前を呼んで声をかける

取材を受ける前から記者の名前はわかっているはずです。そこで、**記者が来たら、「○○さんですね」と名前を呼んで声をかけましょう**。狙いは記者をリラックスさせるためです。記者

はたいてい一人で会社に来て取材をするわけですが、うまく相手から聞きたい情報を聞き出せるか、あたかも敵陣に乗り込むような緊張感を持って来ています。

そこで、自分の名前を呼ばれれば、ほっと緊張がほぐれ、親近感を持ってもらうことができます。ここで目をしっかりと合わせて、**アイコンタクトすることも忘れないように**しましょう。必ず第一印象は良くなります。

◎――記者の名前を「時々」呼ぶ

取材を受けている最中に、時々記者の名前を呼びましょう。メモを取っている手を休めて取材対象者の顔を見上げますので、そこで目が合い、目と目のコミュニケーションができます。社長は取材をたくさん受けるため、記者一人一人の名前や顔を覚えていないことが多いです。記者もそのことはわかっています。だからこそ、自分の名前を呼ばれれば、「ああ、自分の名前を覚えてくれたな」と嬉しくなるものです。

◎――あごを引き締める

あごを上げると、冷たい感じや威圧感を相手に与えますので、特別な目的がない限り、あごは引き締めましょう。

◎——腕を組まない

腕を組むのは、「相手を受け入れない」サインになります。反対に、**腕を下ろし、心臓を相手に向けるのは、「相手を心から受け入れる」サイン**になります。

そこで両手を広げたゼスチャーで語ることができれば、メッセージ力は高まります。記者懇談会といった非公式会見などの場合には、ジャケットのボタンを外すとよいでしょう。オープンマインドな態度を感じさせ、信頼感を演出することができます。

◎——腕を伸ばして届く距離に座る

腕を伸ばして相手に触れることができる距離に座りましょう。近づいて場所を共有すること、時間や空間を共有することはとてもコミュニケーションにおいては大切なことです。一時間でも二時間であっても、同じ時間と空気を共有することは一つの出会いであり、人生の記憶になります。広い部屋でよそよそしく接するのではなく、**思い切って近づきましょう。**

近づいた分だけコミュニケーションは深くなります。また、真向かいに座るのではなく、九十度の角度で接することができると、より親近感が増します。

◎——握手でエネルギーを送る

日本人で握手をする社長は非常に少ないのですが、握手は確実に記者からの好感度を上げます。私がマスコミの取材をセッティングした経験では、握手をする社長が数名いました。記者にその社長の感想を聞くと、必ず「とても好感の持てる社長でした」というコメントが返ってきます。

握手でなくても、相手の目をしっかり見て、エネルギーを送ることができればよいでしょう。

いずれにせよ、自分流を見つけて試してみましょう。

好感を持たれるアクションを自分がどれだけ実行しているか、チェックしてみよう。

❏取材前に記者の名前を覚えて、自分から声をかけているか
❏あごが上がっていないか
❏心臓を相手からそらしたり、腕を組んだりしていないか
❏ソファに深く腰掛けて態度が横柄になっていないか
❏記者の名前を時々呼びながら、話を進めているか

❏ **腕を伸ばして届く距離で話をしているか**

❏ **最初、もしくは最後に握手をしているか**

4 表情作りのポイントは目、口、額

表情を作るポイントは**目・額・口元**です。表情を細かく変えると、嘘を言っている、もしくは不安がっていると思われます。心理学の実験では、特に男性の場合、落ち着きなく唇が動き、額にシワが寄り、眉毛が休まず動いている表情は、**非主張的**だと判断されています（『人づきあいの技術』相川充著・サイエンス社）。

一九六〇年の米国大統領選挙でケネディに敗れたニクソンの、興味深いコメントを紹介しておきましょう。「あなたは有権者からイメージが良くないと思われているが、それはなぜだと思うか」と聞かれた時に、ニクソンはこう答えました。

「おそらく理由は三つある。一つは、カリフォルニア下院選に出馬した時、ジェリー・ボリス相手にかなりあくどい手を使ったり、その後の上院選でもヘレン・ガーガン相手に強引な戦術に出たりしたこと。二つ目は、下院非米活動委員会の『赤狩り』で積極的な役割を果たしたこと。三つ目は、人相だ。特に、**額が狭い**ことと、**髭剃りの跡がいくら剃っても青く残る**ことが、

あまり良い印象を与えていないようですな」（『大統領とメディア』石澤靖治著・文藝春秋）
たかが額、されど額、なのです。

5 相手の目の動きから、感性タイプがわかる

目の動きから感性の三タイプを分類する考え方があります。アメリカのＮＬＰ（神経言語プログラミング）によると、「人間は感覚器官から得た情報をもとに世界を理解している。そして、どの感覚器官の情報を重視するかによって、考え方や感じ方が違ってくる」とし、**視覚タイプ**、**聴覚タイプ**、**全身感覚タイプ**に分けています。目の動きを見ると、相手が何を感じながら理解しているかがわかる、というのは興味深い研究結果です。コミュニケーションする場合にも大変参考になりますので、紹介しておきます（図表３－２参照）。

このことを知っておくと、**相手の目の動きから感性タイプを分析することができる**ようになります。

さらに、相手の感性がわかれば、その**感性に合った言葉を使うことで理解を深めてもらう**ことができます。例えば、視覚タイプの人には、絵や映像にかかわる言葉を使うように心がけるということです。

聴覚タイプには感じのよい声を出すと印象が良くなります。全身感覚タイプには、それこそ

図表3-2◎目の動きから、考えていることを分析できる

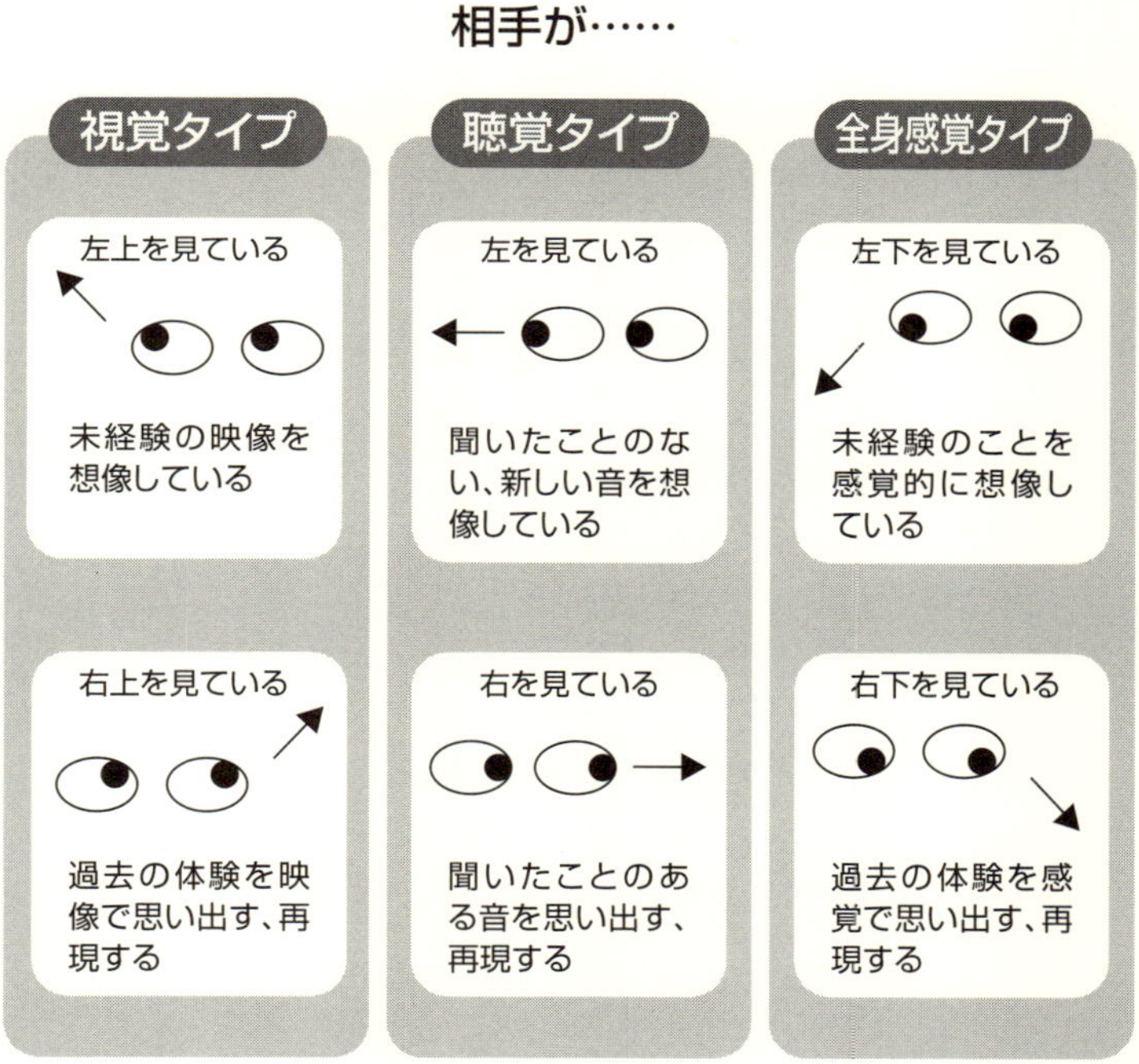
相手が……
視覚タイプ
左上を見ている
未経験の映像を想像している
右上を見ている
過去の体験を映像で思い出す、再現する
聴覚タイプ
左を見ている
聞いたことのない、新しい音を想像している
右を見ている
聞いたことのある音を思い出す、再現する
全身感覚タイプ
左下を見ている
未経験のことを感覚的に想像している
右下を見ている
過去の体験を感覚で思い出す、再現する

前述のような、近づいて握手をすることが効果的ということです。

メディアに当てはめると、テレビのディレクターは視覚タイプが多く、外見にこだわりますので、ゼスチャーを交えて動きのある表現が好まれます。新聞記者は顔を見ずにひたすらメモを取る聴覚タイプが多いので、落ち着いた声で論理的に話す演出がよいでしょう。雑誌記者・編集者は視覚も聴覚も合わせたタイプか、全身感覚タイプが多いので、バランスが大切です。

◎――相手の目が左に動いた時は、相手は嘘をついている！

左右の目の動きは、記憶と想像を表します。

相手の目が**右に目が動いて場合には、過去の記憶を思い出そうとしている**のであり、**左に動いている場合には、イメージを作っている**ということです。つまり、**嘘の話をしている場合には、目の動きはイメージを作っている左に動く**ことが多くなるのです。

アメリカ映画『交渉人』の中でも、目の動きで心理分析をするシーンがありました。犯罪者と交渉するプロの交渉人が相手と会話をする際に、目の動きから相手の嘘を見抜くというシーンです。アメリカでは目の動きによる心理分析は進んでいて、映画俳優が演技をする際にも参考にしているようです。目は、言葉以上にさまざまなことを語りますので、自分の目の動きや相手の目の動きを注意してみるように心がけましょう。

6 安定した視線の作り方

緊張すると目があちこちに泳いでしまう人は、実に多くいます。落ち着きのない目は、相手に不安や不信感を与えてしまいます。そこで、安定した視線を作るコツをお教えしましょう。

記者が質問をしている時など、**自分が聴き手の時は相手の顔を見る**ようにします。話し手にまわる場合にはじっと相手の顔を見るよりは、**適度にはずし、話の切れ目に相手の目を見るようにします**。そうすれば、話がひと区切りついたことを伝えることができ、同時にこちらの意図が伝わっているかどうかを、相手の表情から読み取ることができます。

インタビュー対応の場合には、このように適度に視線を外して構いませんが、**記者会見の時には、よく記者席を見るほうがよい**でしょう。

記者会見で、視線を落ち着かせるためには、会見席で「味方」を見つけること。相づちを打って**話を聞いてくれる記者を見つけて、その人に語りかける**ようにすれば、落ち着いて記者席を見ながら話をすることができます。記者会見に慣れていない場合には、最初から記者席に関係者を座らせ、時々話にうなずくように指示をしておきましょう。これだけでもスポークスパーソンは、随分と気持ちを落ち着かせることができるのです。

7 嘘は手と脚に出る

嘘をつくと、目の動きでわかる、と先ほど説明しましたが、**目以外の、体の動きからもわかってしまいます**。

ある心理学者が行った欺瞞《ぎまん》を見抜く実験の結果を紹介しておきましょう（図表3－4参照）。人の嘘を見抜く時にどこを手がかりにするのか、さらに結果としてどこを手がかりにした人の正答率が高いのかを実験したところ、手がかりにするものとしては「発言内容」「話し方」が最も多い回答でした。

ところが実際には、「手の動きや脚の動きを手がかりにする」と回答した人の正答率が高かったのです。これは**「手の動き」「脚の動き」に、話し手の本心が出やすい**、ということを意味します。

プロカメラマンは心理学を勉強しているとは限りませんが、彼らは直感的にそのことを知っているようです。実際、**プロカメラマンは「動き」を捉えます**。ペンを手でいじくったり、書類を手で丸めたりするアクション、脚などの体の動きにすぐに反応してシャッターを切ったり、カメラをズームアップして映し出すのです（図表3－3参照）。

これに対する対策を考えましょう。不祥事に嘘は許されませんが、M&Aなど企業機密にか

図表3-3◎カメラマンは、手と脚の動きを瞬時にとらえる

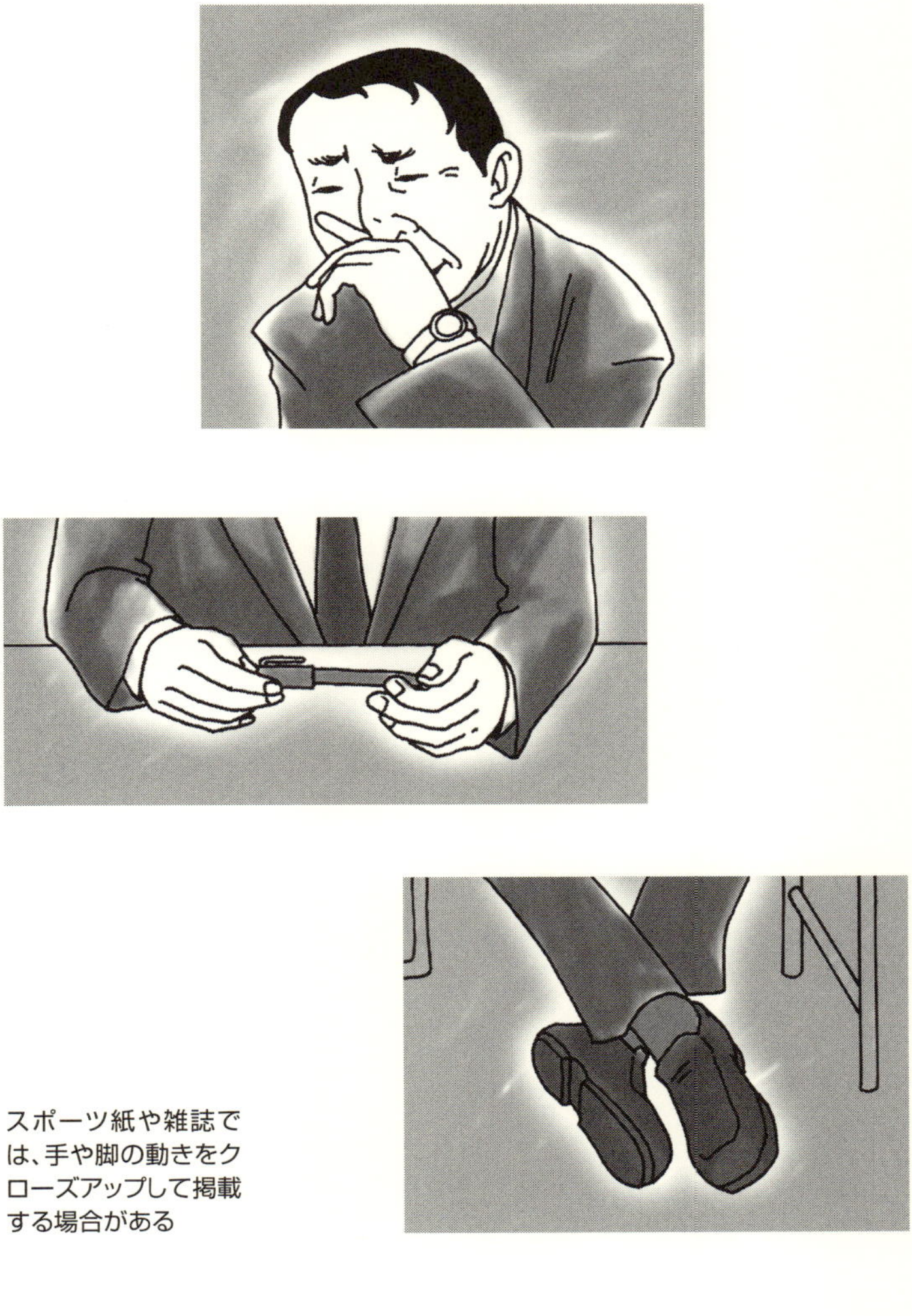

スポーツ紙や雑誌では、手や脚の動きをクローズアップして掲載する場合がある

かわることであれば、戦略上、回答を避けなければならない場合もあります。そのような質問が想定される場合には、**インタビューや会見場は、手が隠せる、脚が見えない机にする**など、会場設営を工夫すればよいのです。

8 深い声は信頼感を演出する

自分の声はどんな声だと思いますか？

よくわからない人は家族に聞いてみましょう。あるいは自分の声を録音してみます。再生して聞く時には、次の三つの点に留意します。

- ❏ **腹式呼吸で、お腹から声を出しているか**
- ❏ **声が裏返ったりせず、安定しているか**
- ❏ **滑らかに話しているか**

思い出してみましょう。声の調子による印象は三八％でした。**言葉よりも、声の調子によるメッセージ力は大きい**のです。より効果的な声の演出をするには、次の四つのことを心がけます。

図表3-4◎嘘は「顔」ではなく、「手」と「脚」に出る!

◎嘘発見の手がかりとするのは?

		選択者数
1位	話し方	79
2位	発言内容	66
3位	視線	47
4位	顔の表情	46
5位	発言時間	45
6位	手の動き	38
7位	胴体の動作	27
8位	脚の動き	18

◎嘘発見の正答者が参考としたのは?

		正答者数/選択者数(正答率、%)
1位	手の動き	34/38(90%)
2位	脚の動き	15/18(83%)
3位	視線	28/47(60%)
4位	発言内容	39/66(59%)
5位	話し方	46/79(58%)
6位	胴体の動作	15/27(56%)
7位	顔の表情	23/46(50%)
8位	発言時間	18/45(40%)

(大坊郁夫より作成)

❏重要な言葉は強く言い、重要でない言葉は弱く言う
❏調子を変える
❏話す速度を変える
❏重要なポイントの前後に、間《ま》をとる

特に、間の使い方は重要です。

心理学の実験では、男性の場合、**長い間をとると「主張的である」とみなされる**という結果が出ています（『人づきあいの技術』相川充著・サイエンス社）。

実際、記者の特性として、相手が答えに窮する質問を出すことに躍起になってしまう傾向があります。どのような質問にもスラスラとよどみなく回答してしまうと、**かえって反感を持たれたり、もっと困らせてやろうという心理が働いてしまう**のです。

そのため、インタビューや記者会見時には、すぐに回答できる内容の質問であっても、適当に間をとりながら、**ゆっくりと考えながら回答しましょう**。この演出には「水」を使うと効果的です。水を飲むことで、適当な間が作れるからです。

◎――話すスピードで、気持ちを伝える

話す速度も大切です。新製品発表など、話したいことがたくさんある場合には、ある程度**スピードをつけて話をしたほうがエネルギッシュ**で新商品・新サービスへの意気込みを演出することができます。

反対に、不祥事会見の場合には、早口で話をすると逆効果になります。また、うっかりと失言してしまう危険も伴います。危機的状況においては、ゆっくりと一言ひとことかみしめながら、話をするようにしましょう。そのほうが、**反省の気持ち、謝罪の気持ち、真摯な気持ちをより効果的に伝えること**ができます。

9 ゼスチャーは意識的に真似ることから

ゼスチャーの効果を考えたことはありますか。直立不動の人の話よりも、身振り手振りを使った人のほうが内容を理解しやすいと思いませんか。

ゼスチャーは、言葉の意味の強調だけではなく、ニュアンスを弱めるという効果もあります。効率の良いコミュニケーションを可能にするので、積極的に使っていきましょう。

スマートなゼスチャーを訓練するには、まず意識的にゼスチャーを使うことです。それに伴

って、不思議と顔の表情も明るくなり、全体的な態度も熱意を帯びてくるようになります。おそらく適度な手足の動きが血行を良くするでしょう。

ゼスチャーやポーズは効果的なコミュニケーションだけでなく、自分のコンディションを整える効果もあります。例えば、イギリスのメージャー前首相は、回答に窮した時には、背広を脱ぎ、演台から数歩横に動き、片手で台にもたれかかったり、耳たぶに触れたりしていました。

これは、自分自身をリラックスさせ、深刻さを和らげるために行っていたとする心理分析があります。メッセージをより印象的に伝えたい場合や、自分のコンディションを整えたい時にはゼスチャーをうまく使いましょう。

10 身だしなみを整える

日本の男性経営者は、悲しいかな、多くが身だしなみに無頓着です。身だしなみというのは高級な服を身につけることではなく、**その場にふさわしい服を正しく身につける**ということです。

例えば、記者会見と記者懇談会の服装について考えてみましょう。**記者会見は公式会見ですから、ダークスーツにネクタイ、スーツのボタンは必ずかけておきます。**

一方、**懇談会は非公式会見なのでグレーのスーツでもよい、ノーネクタイでもよい、スーツ**

図表3-5◎記者会見と懇親会にふさわしい服装とは？

記者会見＝公式の場	懇親会＝非公式な場

・ダークスーツ ・ネクタイ着用 ・スーツのボタンはかける	・グレーでも可 ・ノーネクタイ可 ・スーツのボタンはかけなくてもよい

のボタンはかけなくてもよい、といったことです。また、アルマーニの服は「ジゴロ服」なので公式の場では避ける、といったマナーも必要です（図表3－5参照）。

『ビジネスに勝つ服装演出』といったテーマで講演をしている、スタイリストの高野いせこ氏は次のように分析しています。

「日本人のビジネスマンはスーツをオーバーサイズにしてしまっている方が非常に多いです。小泉首相しかり、ソニーの出井（伸之）さん、トヨタの奥田（碩）さんもみなさんオーバーサイズです。それゆえに小泉氏と出井氏は痩せ型の体型が余計に目立ち、奥田氏は大きめの顔が余計に大きく見えてしまうのです。**ビジネススーツでは、Vゾーンの演出は重要ポイント**です。出井氏はワイドな襟のシャツに細いネクタイをしていたことがありますが、その時のスーツとシャツのバランスからするとネクタイを少し太めにすべきでした。奥田氏はVゾーンが地味すぎるために普通のビジネスマンに見えてしまいます。白のポケットチーフを入れるだけでもぐっと品良くなるはずです（図表3－6参照）」

さすがにプロのコーディネイトは違います。人前に出る機会の多い方は、スーツの着こなしを研究しているプロのスタイリストにファッションアドバイスをしてもらいましょう。

図表3-6◎オーバーサイズのスーツは欠点を悪目立ちさせる!

Vゾーンが緩い例

ネクタイが細すぎる例

大きすぎて肩が落ちている例

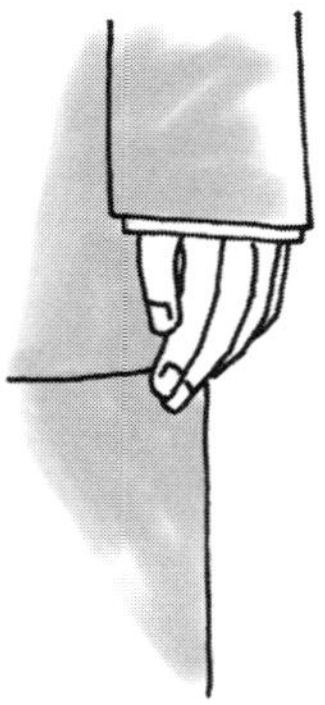

そでが長すぎる例

これらのスーツは、貧弱に見えたり、だらしなく見えたりするので注意

11 テレビ出演の場合に気をつけること

テレビカメラの前に立つ場合には、さらに別の配慮が必要になります。

テレビの画面がチラついてしまい、見ている人に不快感を与えてしまうため、スーツは、ストライプ、チェック、小さい柄のものは避けるようにします。また、ネクタイは、チェックや柄物を避けなければなりません。スタジオに入る場合は、下から映される場合もありますので、**靴下は、深く座って足を組んでもスネが出ないよう長いもの**にします。靴下の柄物も避けましょう。

12 オーデコロンは、腰から下につける

オーデコロンをプンプン匂わせている社長がいますが、品格を下げるので注意してください。社長室や記者会見場などで、部屋中にオーデコロンの香りが蔓延していると、「異性にだらしない」という印象を与えてしまうでしょう。

オーデコロンは品良く身につけましょう。男性の場合、**オーデコロンは腰から下につける**のがエチケットです。女性は首や耳の後ろ、両手首の内側につけますが、男性は同じ場所につけてはいけません。特に、**脇の下は絶対にタブー**。また、年配の男性の場合、ヘアリキッドをつ

けすぎている方がいます。周囲の人の意見を聞きながら、さりげなくつけましょう。

コメントテクニック

心理学的には七%の伝達力しかない言葉ですが、文字で勝負する**新聞記者には大きなメッセージカを持っています**。記者たちからの質問には、一定の法則があります。というよりも、攻め方の癖があると言ったほうがよいかもしれません。これに対する対処方法を説明しましょう。

1　自分の言葉で語る

記者や一般の人々からの印象をよくする基本は、用意された原稿ではなく、**自分の言葉で語ること**です。

メモを用意してあったとしても、**肝心なところは必ずメモから目を離し、記者を見ながら語りかける**演出テクニックは、最低限身につけておくべきでしょう。

民主党の菅直人氏が、国会でメモを用意せずに代表質問に挑んだことがありますが、その際には、「メモを持たず」という報道があちこちで流れ、報道関係者からは非常に好意を持って受け止められました。

自分の言葉で語らない代表格は、日本道路公団の藤井治芳元総裁。「記者会見を開かない総裁で有名」と報道されました。記者会見にはいつも代理人の弁護士が出るのみ。それでいて特定の週刊誌のインタビューを受けています。これでは決して世論からの指示は得られないでしょう。

言いたいことがあれば、**複数のメディアを前にして自分の言葉で語るべき**なのです。自分の言葉で語らない人や、自分に都合のよいメディアや記者の前だけで語るのでは、世論からの指示を受けることはできません。

2 記者のペースにはまらない

ベテラン記者ほど、相手を追い詰めるような話し方で情報を取るのではなく、柔和な姿勢で情報を取っていきます。

記者がメモを閉じたからといって、取材が終わったと思ってはいけません。筆を止めて**ノートを閉じた後に、本当の取材に入る人もいる**からです。

テレビシリーズの『刑事コロンボ』を思い出してください。コロンボは記者ではありませんが、メモをしまって帰る間際にいつも「ああ、すみません、もう一つだけ質問があるんですが」

といって真実に迫る質問をしますよね。あのテクニックです。

また、当初の取材テーマと異なる方向へ話が進んでいくようであれば、「それについては次の機会にしてください。まだ話せる段階ではないから、話せるようになったらあなたに真っ先に話しましょう」と**相手を尊重しつつ、打ち切る**のがベストです。記者のペースにはまりそうになったら、**こちらから記者に質問をして**「あなたはどのように予測しているのですか」「もう○○についての情報をどこかで手に入れたのですか」と切り返す方法もあります。

3 答えにくい質問、関係のない質問を投げかけられたら

答えにくい質問というものは必ずどこの会社にもあります。例えば、次のようなものです。

「株価が低迷していますが、理由はどのようにお考えですか。対策は？」

「今回リストラを断行しましたが、企業としての責任についてはどのようにお考えですか」

「A氏ではなく、B氏を担当にしたのは、どのような理由からですか」

「利益供与事件が相次いでいますが、御社は絶対にないと言い切れますか」

「御社の安全管理対策に、問題はなかったのですか」

「事件を起こした社員を解雇しましたが、社員個人の問題なのですか。企業としての責任はないと考えているのですか」

「住民との懇親会を定期的に行っているということですが、単なる飲み会ではないのですか。毎回参加者は同じなのではないですか。毎回公開される懇親会なのですか」

「なぜ定期的に工場周辺の地域住民に対して、説明会をしないのですか。企業としての責任をどう考えているのですか」

◎――ノーコメントよりも一般論で受ける

会見の目的やテーマと関係のない質問をしてくる記者は必ずいます。そのような時に「本件とは関係ありませんから、ノーコメント」と冷たくあしらうよりは、**一般論で受けて、本題につなげる**形で、方向転換を図るほうがスマートでしょう。

例えば、新サービスの発表時に株価低迷のことを聞かれたら、「経済全体が萎縮しており、国全体の問題ですね。わが社の新サービスは市場を刺激すると確信しています。わが社の売り上げも上がり、株価にも貢献するでしょう。なぜなら、この新サービスの魅力……」と、いったん受け止め、一般論化して自らの主張につなげていきます。

◎――核心を突かれたら、謙虚に受け止める

本題と関係あり、しかも核心を突いていれば、謙虚に受け止め、「改善策等検討中である」

ことをコメントしましょう。これは宗教的な悔悛《かいしゅん》のプロセスと似ています。自分の罪を認め、心から悔い改める姿勢を示せば、許さない人はいません。

二〇〇三年一〇月のカリフォルニア州の知事選で、アーノルド・シュワルツェネッガー氏が過去のセクハラ問題を指摘された時に、彼は報道の一部を認め謝罪しました。一方、悪あがきと受け止められるのは、二〇〇三年一〇月の日本道路公団の藤井総裁更迭劇です。石原伸晃国土交通相との会談を終了後、藤井氏は記者にもみくちゃにされながら、「混乱の責任をとって辞任するのですか」という質問に対し「私は何も悪いことをしていない！」と最悪のコメントをしていました。

4 事象の二面性を生かす

肯定的な表現を使う練習も心がけましょう。例えば、簡単な例では、「ケチ」という表現。肯定的な表現をすれば「**経済的**」となります。

ある事業から撤退するということは、選択と集中であり、不採算部門を閉鎖して効率的な経営といえます。事業統合は、吸収なのか合併なのか、対等か救済か、微妙にニュアンスは異なります。どんな状況も二面的であり、どちらの表現を使用するかは、意識転換やトレーニングで習得できます。

5 主導権を握りながら話す

主導権を握るコツは、自分から**最初に話をすること**です。

インタビューにおいても多人数相手の会見であっても、伝えたいことを先に十分話してから質問を受けると、主導権を握ることができます。

インタビューの場合、記者からの質問を受けるところから始まりますが、事前に主題はわかっているわけですから、「今日は、〇〇についてのお話ですよね。**まずこの件について最初に理解しておいていただきたいことがあります**」、あるいは「**まず〇〇についての誤解を解いてから話を始めたいと思います**」としましょう。

◎――事故の時こそ、十分な時間をかけて説明を

何かの事故を起こし、安全管理の問題を問いただされるような記者会見の場合にも、ただひたすら謝罪するだけではいけません。安全管理のためにどのような体制を作ってきたのか、問題があったとすればどこなのか、を**図や映像などで先に詳しく説明する**のです。

謝罪会見となると、すぐに終わらせたいという気持ちから、説明を短くしてしまいがちですが、それは間違いです。**謝罪会見の時こそ、一時間たっぷりと時間をかけて説明すべき**なので

す。**説明が細かく丁寧であればあるほど質問は少なくなります**。

同じことを答えるのであっても、自分から説明するのと質問を受けてから回答するのでは、労力も相手からの印象も異なります。また、一つ質問を受けたら、相手の質問に回答するだけでなく、それをさらに発展させて自分の伝えたいメッセージをコメントすれば、常に主導権を握り続けることができます。

6 仮定の質問をされた場合

仮定の質問は結構あります。例えば、次のような質問です。

「このまま株価が下がった場合には、責任をとって辞任をしなければならない事態にもなるのではないでしょうか」

「提携するとすれば、どこがよいとお考えですか」

「また、事故が起こったら、どのように責任をとりますか、その時は辞任なさるのですか」

基本的な模範解答は、**「その時になったら考えます」に尽きます**。相手がある場合には、絶対に安易に答えてはいけません。辞任する、しないといった、トップの進退については、一度公の場で言ってしまうと取り返しのつかないことになるため、安易に回答してはいけません。

7 二者択一方式での質問の場合

二者択一の場合には、まともに選択してしまうとまずい結果になることがあります。

「御社の提携パートナーとしては、どこを検討しているのでしょうか。A社とB社であれば、どちらが御社のパートナーとしてよいのでしょう」

「A社とB社の技術力については、どちらが優れていると思いますか」

このような質問については、**どちらかを選択する義務はありません**。自社と利害関係のある提携パートナーであれば選択はせず、一般論を述べておきます。

8 結論の押し売りをされた場合

「後任社長には、A氏が適任ではないですか」

「合併相手としてはA社がよいのではないですか」

「御社の安全管理体制に問題があったということですね」

丁寧な態度で「発表できる段階ではありません」あるいは、「未確定です」ときっぱりと話し、「決まったら正式にみなさんに発表します」と答えます。それでも食い下がる記者がいれば「未確定事項を言ってしまったら、迷惑を被る人もいますから、どうぞご理解ください」と答えます。

9 誤解に基づく質問を正す

噂や誤った情報に基づく質問をされた場合には、まず、**誤解を解く**必要があります。全く事実無根であれば、全面否定すればよいのですが、全面否定する場合でも相手を馬鹿にした言い方は控えましょう。

一番まずいのは、現場からトップに正しい情報が入っておらず、記者の聞いた噂のほうが正しかった場合です。このような場合には、後で謝罪しなければなりません。

「リストラを大規模にするということですが、本当ですか」
「消費者からのクレームに対して横柄な対応をしたそうですが」
「御社の経営は傾いている、危なっかしいという噂が絶えませんが、実際はどうなのでしょう、大丈夫なのですか」

10 誘導尋問形式の場合

記者が一方的に自分の意見を述べて、それに同意させてしまうことがあります。記者たちは、誘導尋問とは言わず「書き飛ばし」と言っています。

これにうっかりと乗ってしまうと、**記者の言ったことが本人のコメントとして使われてしまいます**。インタビューでは、記者が相手の言葉の意味を確認するために、自分の言葉に言い換えて「つまり、……ということですね」と言ってきます。確認と誘導尋問は似ていますので、記者からの質問は注意深く聞き取り、真意を見抜きましょう。

◎――**「そうだ」と答えてしまい、「辞任」報道されてしまった出光興産社長**

北海道で起きた工場火災で、出光興産の社長が辞任するという誤報が流れたことがあります。本人はすぐに辞任を撤回する発言をしましたが、なぜこのような誤報が生じたのでしょうか。

これは、記者会見で「責任について考えるというのはご自身の進退も含むのか」という記者からの質問に対して、社長が「そうだ」と答えてしまったために生じたものでした。緊急記者会見で、この手の質問に**「そうだ」と回答すると記者たちは辞任と受け止めます**。この場合は、誘導尋問というよりは、ミスリードとも言えますが、このように**知らないうちに誘導されている場合がある**ので安易にうなずいたり、「そうだ」と言ったりしないようにしましょう。

11 圧力をかけてきた場合

企業側が加害者になって事件を引き起こした場合には、圧力をかけてきます。

「世論調査では販売を中止すべきだと考えている国民が大半ですが、販売は中止しないのでしょうか」

「世論が納得すると思いますか」

「過去にも同様の事故があったということですが、事故の教訓は生かされていなかったということですね」

「今回の事件の責任をとって辞任なさるべきではないですか」

上記の言葉は柔和に言われれば、冷静に対応できますが、強い調子でこのような言葉で圧力をかけられたら、頭がカッカとしてしまうでしょう。記者も人間ですから、感情的になって質問をすることもあります。根拠のない圧力については、**言葉の意味や根拠を相手に聞き返すことでワンクッション置き、相手に考えさせる状況を作り出して気持ちを沈静化させます。**

例えば、自分の知らない情報であれば、「世論調査とはどこの調査でしょうか。私はまだ見ていませんので、確認してからその質問にお答えしたいと思います」とします。

12 最悪の状況については、自分の言葉で明らかにする

「対応の遅れが事態を悪化させたのではないですか」

必ず不祥事に記者が投げてくる質問です。

実際、対応の遅れが事態を悪化させてしまうことは非常に多いのです。事実であれば、**認めた上で、対策案を発表する**ことが何よりも大切です。

「○○についての社内における連絡ミスが対応の遅れを招いたことは事実です。今後は連絡ミスが起こらないようにするために××対策委員会で改善策を検討しているところです。まとまり次第、皆様に発表いたします」

また、**自分から最悪の状況について語っておけば、危機的な状況の中でも主導権を握ることができます**。

「私どもとしては○○について最悪のシナリオも想定して、××という体制をとりました。皆様にはご不便をおかけするかと存じますが、ご理解いただけるようにあらゆる努力をいたします」

13 自分の発言が間違っていた場合

マスコミへの発言が間違っていた場合には、すぐに訂正しましょう。製品に毒物が混入された事件でのやりとりです。

記者：「あなたは毒物注入が社内の誰かによってなされたという可能性は全くないと言い切れますか」

企業幹部：「施設内には今回の事件の毒物であった青酸カリは全く使われていないのでその可能性はありません」

ところが、後になってから施設内で製品の品質検査に青酸カリが使われていたことが判明しました。幹部はすぐに報道関係者を招集し、「私が施設内にないと言ったことは間違っていました。当社は製品試験研究所のいくつかに少量の青酸カリを保有していました。しかし、私はそれがわが社の製品に注入されたことは絶対にない、とみなさまに保証します」と謝罪しました。

この対応のポイントは、**間違いが判明した時点で、すぐに記者達を招集して発表と謝罪をしたこと**です。

もう一点ここで重要なことがあります。この幹部は自分の間違いは速やかに認め謝罪していますが、**安全面では絶対に譲っていない**ということです。

この事件はここで、例えば「施設内に青酸カリはありました。現在調査中ですが、わが社の製品にその毒物が入ったとは思っていません」という頼りないコメントを発表したらどのようなことになるでしょうか。「思っていません」ではなく「絶対にない」という言葉を使ったことが製品管理への自信と信頼性を演出し、消費者へ安心感を与えていると言えます。

14 マスコミへのNGワード

どのような職種の人であっても禁句事項というのはあります。マスコミの人たちが共通してカチンときてしまう言葉というのもありますので、覚えておきましょう。次の表現が代表的なNGワードです。

- **ノーコメント**
- **記事にしてほしい**
- **記事にしないでほしい**
- **オフレコだ**
- **原稿を事前に見せてほしい**

「ノーコメント」は取材拒否の態度なので絶対使わないようにしましょう。同じことを言う場合でも「今は言えません。時期が来たら申し上げます」「コメントする立場ではありません」とします。「記事にしてほしい」「しないでほしい」と言ってしまうと、「記事にするかしないかは他との兼ね合いですから、何とも言えません」と切り返されます。

同様に、「原稿を事前に見せてほしい」というと「広告じゃないんだから、見せられるわけがないでしょう。メディアには編集権というのがあるんですから」と言われます。原稿を事前に見せてくれるメディアもありますが、**原則としてチェックはできない**と思ってください。同じことを聞くにしても「原稿を事前に見ることはできますか」という聞き方であれば、まだ角は立たないでしょう。

15 ミスリードしてしまうあいまい言葉

会社の立場を明確にしないあいまいな言葉は、必ず記者から誤解を招き、**誤報やミスリードの記事として流れてしまいます**。

例えば、「そのことにつきましては弊社としてはいろいろ事情がありまして申し上げることができないのです」「みなさんのご想像にお任せします」「その辺はご理解ください」という表現はいけません。

なぜなら、「いろいろ事情がある」というのは言えない理由を説明していることにはならないからです。企業機密なのか、相手があって言えないのか、事実確認していないのか、はっきりしないのです。「いろいろ事情があるっていうのは一体どのような事情なのですか」と必ず聞き返されるでしょう。「その辺を理解する」というのは一体何を理解したらよいのか不明です。**勝手に理解して想像して報道することを容認してしまう表現**なのです。

◎——一つの原因にクローズアップされないよう、あらゆる原因を示しておく

企業側の落ち度が明確な事故では、原因を厳しく追及される記者会見となります。ただ、最初の記者会見では、原因が明確ではない場合がほとんどでしょうから、どうしても「現在原因を調査中です」という答え方になります。ところが、マスコミは「ああそうですか」と簡単には引き下がりません。

「調査中なのはわかりますが、まったく検討がつかないということはないでしょう。いくつか推測できる原因はあるんじゃないですか」と追及してきます。そこでうっかりと「火災の原因は地震であると思われるが、人災の要因も否定できない」と口をすべらせてしまったら……。

報道機関によっては「人災か!?」という見出しになってしまいます。「調査中」で逃げ切れない場合には、もってまわった言い方をしたり、推測できる原因を一つ二つ挙げるのではなく、十くらいの推測される原因を示して、**「原因をあらゆる角度から調査中」**とすれば、調査に対する意気込みが伝わり、かつ、一つの原因にクローズアップされた報道が流れることはないでしょう。

16 テーマと関係のない質問のかわし方

テーマと全く関係のない質問をしてきたら、どのように対処すべきでしょうか。

基本的には、「**本日のテーマとは関係のない事項なので、別の機会に改めてお答えいたします**」と冷静に答えましょう。さらに、「**改めて取材にお越しください、いつがよろしいですか**」「**資料をご用意してお待ちいたしております**」と加えれば完璧です。それ以上その場で食い下がる記者はまずいないでしょう。

まとめ

マスコミ対応・テクニック編

- 外見インパクトは五五%、声の調子は三八%、言葉は七%。とにかく外見は重要
- 記者から好感をもたれると、失言もフォローしてもらえる
- 「良い姿勢」は、自信に溢れているように見える
- 自分から、記者の名前を呼んで声をかけ、握手でエネルギーを送る
- 相手の目の動きから、何を考えているのか、嘘をついているのかがわかる
- 深い声で信頼感を演出し、話すスピードで、気持ちを伝える
- 自分の言葉で語り、記者のペースにはまらない。主導権を握りながら話す
- ノーコメントよりも一般論で、核心を突かれたら謙虚に受け止める
- 「仮定の質問」「二者択一方式での質問」「結論の押し売り」「誤解に基づく質問」「誘導尋問」「圧力」の場合には、答え方は慎重に。それぞれに〝模範回答〟がある
- 一つの原因にクローズアップされないよう、あらゆる原因を示しておく

ノウハウやテクニックは、実際のトレーニングで身につける

本書では、マスコミ対応にあたっての基本的な考え方やテクニックを説明してきました。では、さっそく実践してみましょう、といってもじつのところなかなか本番でスムーズにはできません。

撮影用の強い光のライトを照らされるだけで緊張は高まり、汗は噴き出し、記者の表情は捉えられず、絶えず歩きまわるカメラマンやシャッター音に気を取られ、思わぬ失言をしてしまうのです。そこでみなさんに知っていただきたいのが、「メディア・トレーニング」というリスク対策手法です。

企業トップ必須のメディア・トレーニング

「メディア・トレーニング」とは、マスコミや世論の現状を把握し、記者会見やインタビューに対してスムーズに対応できる能力を育成する訓練です。このトレーニングを通して、マスコミを前にした失言、誤解、的外れなメッセージなどを回避する手法を体で身につけます。

日本では、まだあまり知られていないトレーニングですが、アメリカにおいては、非常に重要なトレーニングとして社会に定着しています。政治家をはじめとして企業トップや経営幹部、部長クラス、広報担当者は必ずこのトレーニングを受けています。日本では相次ぐ企業の不祥事から企業が**リスクマネジメントの一環**として、広報サービス会社や危機管理専門会社からトレーニングサービスを受けるようになってきています。

世論は時代と共に変化しますが、今の時代は、**最高責任者自らが公的場所でコメントすることが非常に強く求められています**。それに対して、企業は戦略的かつ的確なメッセージをトップ自身の言葉で発信しなければなりません。その意味では、トップマネジメントにかかわる人たちには必須のトレーニングであると言えるでしょう。

メディア・トレーニングの目的

メディア・トレーニングには三つの目的があります。

①記者からの辛辣な質問や誘導尋問に慣れ、どんな質問にも的確に答えられるような能力を身につけること

②記者の背後にいる読者・視聴者・自社のステークホルダー（利害関係者）・世論に的確なメッセージを発信できるようにすること

③記者から理解され、さらに信頼・好感を持たれること

記者は必ずしも的確な質問をしてきません。ごく当たり前の基本的な質問や的外れな質問、あるいは、これまで本著で紹介してきたような結論の押し売り、仮定の質問、誘導尋問、敵対的な質問をしてくる場合もあります。記者も人間ですから、その点では人間対人間の基本のコミュニケーションを行えばよいのですが、気をつけなければならない最大のポイントは記者の背後にいる人たちをイメージするということです。

記者とのコミュニケーションは、記者個人とのコミュニケーションではなく、その背後にいる読者や視聴者とのコミュニケーションそのものです。つまり、世論とのコミュニケーション

を記者という資質を媒体としながら行わなければならないために、ある**特別なテクニックが必要とされる**のです。そのテクニックを学ぶことがメディア・トレーニングの一番大きな目的です。このトレーニングでスキルを身につければ、平時においては企業イメージ向上の役目を果たし、緊急時においてはイメージ損失を最小限に抑える役目を果たせるでしょう。

サービスとして行われている、メディア・トレーニングの内容

一般的なメディア・トレーニングではシミュレーションを中心に行います。

具体的なプログラム内容はトレーニングを受ける会社のニーズによって個別にオリジナルのメニューを作るのが基本的スタイルです。また、トレーニングサービスを実施する会社によってもプログラム内容は少しずつ異なります。

私は映画製作の現場を十年経験してきたため、撮影現場↓編集↓上映というプロセスの中で撮影されたものがどのように変容していくか、**映像の威力・説得力と同時に怖さを非常に強く感じています**。それゆえ、メディア・トレーニングもメッセージ内容だけでなく、**どのように伝えるか、服装や見え方にも重点を置くべき**だと考えています。参考までに私が実施しているプログラムを紹介しておきます。プログラムは大きく四つのカテゴリー、①レクチャー、②ト

レーニング、③コーディネイト、④コンサルティング、に分けています。

1 レクチャー

本書で説明してきたマスコミ対応の基本事項、注意のポイント、平時と緊急時の対応の違い、緊急記者会見の開き方に加え、新聞やテレビ報道の現場、企業のコミュニケーション戦略手法やリスクマネジメントの基礎など、トレーニング目的達成に必要な講師陣をそろえて、**社長を中心とする経営幹部や現場部長クラスに講義**します。

2 トレーニング

元新聞記者やテレビ報道マンなどによる模擬インタビューや本格的な照明を設置した模擬記者会見を行います。その模様をビデオやカメラで撮影し、模擬実施後は本人と一緒にビデオや静止画像を見ながら、記者会見やインタビューで「してはいけないこと」「すべきこと」をチェックして改善方法についてアドバイスします。

このほか、腹式呼吸による声の出し方や正しい姿勢、表情の作り方、ゼスチャーなど体全体の自然な動かし方、歩き方、お辞儀の仕方などをトレーニングします。

メディア・トレーニングのプログラムカテゴリー

レクチャー
- マスコミ対応の基本
- 緊急時のマスコミ対応
- コミュニケーション戦略
- リスクマネジメントの基礎

トレーニング
- 模擬インタビュー
- 模擬記者会見
- ボイストレーニング

コーディネイト
- 服装
- ヘアスタイル
- メイク

コンサルティング
- メディア戦略立案
- 想定問答集作成
- キーメッセージ開発

3 コーディネイト

一枚の写真、数秒の映像がもたらすインパクトは、企業の方々が思っている以上に大きいものです。そこで、本人の体型、好みなど個性に合わせた服装とヘアスタイル、メイクについてのファッションチェックやその場にふさわしい服装、本人の個性を引き出せる外見演出をコーディネイトします。スーツのコーディネイトやレンタルの手配、スーツ購入のサポート、ショップの紹介、ヘアスタイル改善なども行います。実際のインタビューや会見前に出張することもあります。この作業はプロのスタイリストとヘアメイクが行います。

4 コンサルティング

世論形成やブランディングなど、ある目的を達成するためのメディア戦略についての具体策を提案します。

緊急時に備えて平時から何をしておくべきなのか、いつ・どこで記者会見をすべきか、どのメディアにいつ、どのような形でアプローチすべきか、何をプレスリリースしたらよいのか、あるいはしてはいけないのか、といったことを、リスクマネジメントの観点からアドバイスを行い、トップマネジメントの意思決定をサポートします。

また、インタビューや記者会見における想定問答集の作成も行います。戦略的に情報発信をしていくためのコンサルティングであり、模擬トレーニングと組み合わせて行うことで、より効果的なプログラムにすることができます。

メディア・トレーニングのプログラム例

メディア・トレーニングを受ける人のトレーニング目標と予算に応じて、さまざまなプログラムを組みます。準備としては、まず、会社や業界の周辺調査、記者への意識ヒアリングで問題のポイントを把握し、想定質問を作成します。

一方、トレーニング受講者には、事前アンケートを実施し、意識を確認します。ある緊急事態を想定した記者会見では、模擬内容を具体的に打ち合わせをしながら詰めていきます。

メディア・トレーニング・集中プログラムの例

◎平時対応トレーニング　当日プログラム

時　間	内　容
09:30–10:30	レクチャー:コミュニケーション戦略
10:40–11:40	レクチャー:マスコミ対応方法
12:00–12:20	模擬インタビュー1回目
12:20–12:40	レビュー
13:40–14:20	昼食
13:40–14:00	模擬インタビュー2回目
14:00–14:20	レビュー
14:20–15:20	ボイストレーニング
15:20–16:20	スタイリング、ヘアメイク
17:00–17:20	模擬記者会見1回目
17:20–17:40	レビュー
17:40–18:00	模擬記者会見2回目
18:00–18:20	レビュー
18:20–18:30	評価シート記入・事後アンケート・まとめ

◎緊急事態発生を想定したトレーニング　当日プログラム例

時　間	内　容
09:30–11:00	レクチャー:リスクマネジメントの基礎
11:10–12:40	レクチャー:緊急時のマスコミ対応
12:40–13:40	昼食
13:40–14:10	模擬緊急記者会見リハーサル(役割分担、動き方のタイミング)
14:10–14:50	模擬緊急記者会見1回目
14:50–15:30	レビュー
15:40–16:20	模擬緊急記者会見2回目
16:20–17:00	レビュー
17:00–17:20	評価シート記入・事後アンケート・まとめ

例えば、何日の何時何分にどのような原因で事件・事故が起こり、社長以下幹部責任者はどこにいたか、何時に緊急記者会見を開くのか、といったシナリオを事前に決めておきます。内容の方向性とトレーニングの目標、予算が決まったところでスタッフィングと当日プログラムを設計します。みなさんの会社でもスタッフをそろえて取り組んでみましょう。

［著者］
石川慶子（いしかわ・けいこ）
広報コンサルタント／シニア リスクコンサルタント®
東京女子大学卒業。国会職員として参議院事務局勤務後、1987年より映像制作プロダクションにて、劇場映画やテレビ番組の制作に携わる。1995年より広報サービス会社のマネジャーとしてインターネットを活用した広報を始め、記者会見設定、ウェブコミュニケーション、危機管理広報など企業のコミュニケーション活動をサポート。
これまでに手がけた記者会見やインタビューは、国内外企業の経営者、映画監督、俳優、声優、スーパーモデル、ゲームクリエイター、学者など多岐にわたる。2003年、会社を設立して独立。2004年、日本リスクコンサルタント協会認定「リスクコンサルタント養成講座シニアコース」講師。
現在、有限会社シン代表取締役社長、ライブ！ユニバース理事、日本リスクコンサルタント協会シニア会員、日本広報学会会員。
主な執筆活動は、インターネットのビジネス情報サイト・IT Pro スキルアップの宝箱「ITプロのためのリスクマネジメント入門」（日経BP社）、BB-WAVE.com「メディア・トレーニング」（BIGLOBE）、RMCA INFORMATION JAPAN「企業のトップはメディア・トレーニングを受けるべき」（日本リスクコンサルタント協会）など。
press@777.nifty.jp

マスコミ対応 緊急マニュアル――広報活動のプロフェッショナル

2004年 9月 2日　第1刷発行

著　者――石川慶子
発行所――ダイヤモンド社
〒150-8409　東京都渋谷区神宮前6-12-17
http://www.diamond.co.jp/
電話／03·5778·7236（編集）　03·5778·7240（販売）
装丁――川島進（スタジオ・ギブ）
本文レイアウト―タイプフェイス
本文イラスト―草田みかん
製作進行――ダイヤモンド・グラフィック社
印刷・製本―ベクトル印刷
編集担当――和田史子

ISBN 4-478-55017-4